GIRLY★FOLK

Photography by Yoko Takahashi　Written by Mihoko Tetsuishi

GIRLY★FOLK CONTENTS

アートディレクション&デザイン　THROUGH
カバーフォト　YOKO TAKAHASHI

★

GIRLY FOLK

Art direction and Designed by THROUGH
Photography by Yoko Takahashi
Styling by YUKI and Yoko Omori
Hair Styling by Taku(plus)
Make-up by K

BATIMENT

4307 7M 83

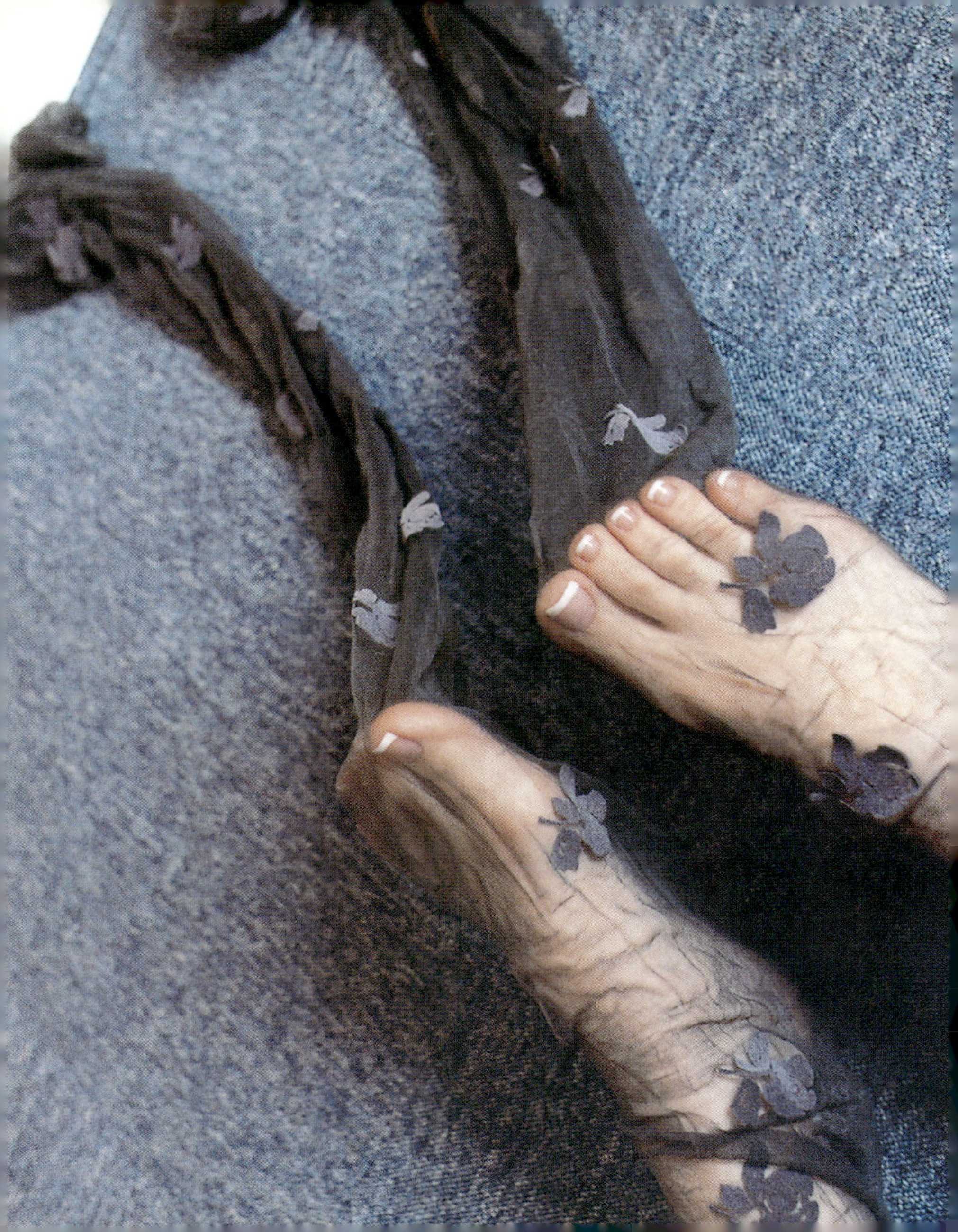

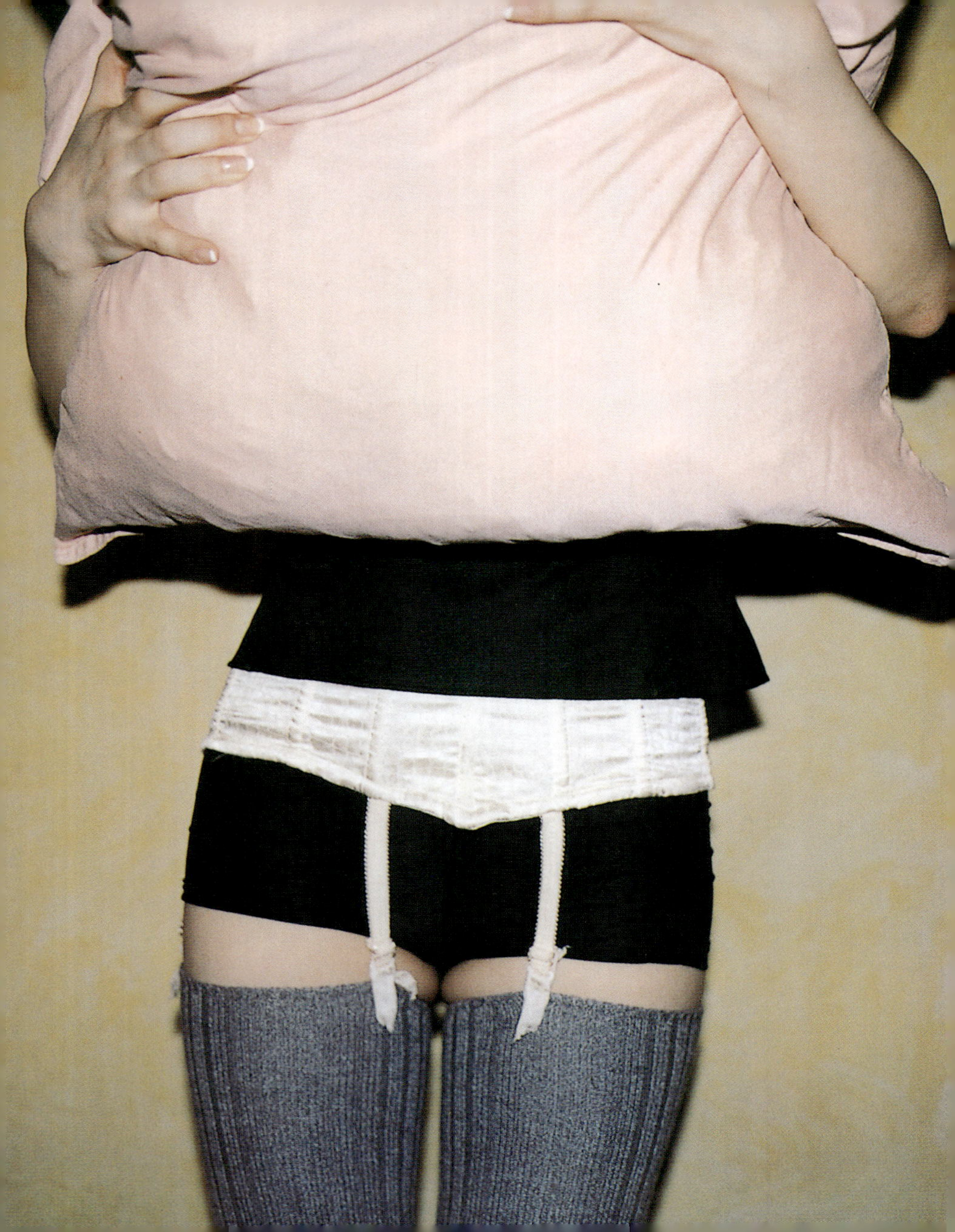

W.C.

★

GIRLY FOLK

Written by Mihoko Tetsuishi

オーディション

この街の雑踏をひとり歩くたび、YUKIはいつも不思議に思っていた。
（みんな何を見て歩いてるんだろ。きっと誰も何も見て歩いていないんだなあ）

ビル群に遮《さえぎ》られた空は切れ切れで、ちっぽけに映る。

上京して1年。だが、函館の広い空しか知らない彼女にとって、東京の街の空は孤独を感じさせるものでしかなかった。

冷えた夜の風に体が震える。さっきまでライブハウスのステージに立っていたのである、汗のひいていかない体に初春の風が冷たい。
「全然ダメ。TAKUYAダメだ、もっとうまくなれ」
「まぁいちばん最初にしては、みんなまぁまぁだったから。頑張ろう」

YUKIはくちびるの震えるのをこらえて、ディレクターである山中幸夫とプロデューサー成瀬正都の話を聞いていた。

が、どんな言葉も体のなかを通り抜けていくみたいだった。

1993年3月1日、新宿ロフト。

恩田快人も五十嵐公太もTAKUYAも踏んだことのあるステージ、しかしYUKIはここへ来るのもこのステージに立つのも初めてだった。
（こんなちっちゃい所だったんだ、すごい！）

シーナ＆ロケッツ、ルースターズ、ブルーハーツ。楽屋に入り、壁に記されたサインを前にしたとたん、YUKIは思わず息をのんだ。
「やっぱりすごい!!　みんな通る所なんだね！」

JUDY AND MARYはインディーズ盤ですでに発表していたオリジナルを数曲と、バナナラマやビートルズのカバー曲を演った。ミニスカートにドクター・マーチンのワーク・ブーツで足を踏みならし、おかっば頭の黒髪を振り乱して、YUKIは歌った。
しかし、合わない。演奏も自分の歌も、どうも音の通りが悪い。今日はスタッフのみんながそろって観に来ているというのに、英語の歌なんてメチャクチャだ。その仕上がりはさんざんなものだった。
楽屋へ引き上げるや、すぐにマネージャーの堀江正樹から楽屋口まで行くようにと追い立てられ、ライブの熱も冷めやらぬうちに寒空の下、スタッフの面々から厳しい指摘を受けたのも無理はなかったのだ。
（でも、なんで？　やった、やったぞ！　頑張ったんだぞ!?　なのになんでみんな渋い顔をしてるんだろ。これじゃあダメなのかな？）
YUKIは自分では、できる、と思っていた。ちゃんとライブをやっている、と。スタッフの苦みの混じった笑みや、肩を落としている恩田や浮かない表情をした五十嵐の心中がYUKIには今ひとつわからない。
新宿の夜の街のすえたにおいに、胸がつかえそうになる。しかし、それが街のにおいのせいだけではないことぐらい、YUKIにもわかっていた。
歌については誰も何も言わなかったからだ。
（みんなあたしの歌のことは言わない。なんでかなぁ……？）
顔をあげると真剣な眼差しでスタッフの話に頷いているTAKUYAの様子が目に入る。彼は自分と同じ年だという。
今日のライブ、きっとすごいプレッシャーだったんだろうなぁとYUKIは思った。
1993年３月１日、この夜は、TAKUYAがこのバンドに加わって、JUDY AND MARY初のライブだったのだ。

「でも、恩ちゃん、オーディションってなんか偉そうだね」
「YUKIちゃん、オーディションの場を用意してもらえるなんて、これはすごいことだよ。〝適当にギターをぶっ込んどけ〟じゃなくて、ちゃんとオーディションして自分たちで選べるなんて、すごいなあ」

この恵まれた状況に、恩田快人は心から感謝しているようだった。音楽業界のことはYUKIにはまるでわからないが、恩田の説明を聞くにつけ、自分たちは恵まれているのだなと思う。特に事務所が決まり、レコード会社が決定してからというもの、そう感じることが多い。

恩田とは彼がジャクスン・ジョーカーのメンバーだったころ、函館で知り合った。「音楽をやりたい」というYUKIの熱意を受け止めてくれたのも、「ちょっとパンクっぽいガールポップをやろうと思ってるんだけど、一緒にやってみない？」と声をかけてくれたのも恩田だった。

東京から函館の実家にデモ・テープが届くとそれに歌詞をのせて恩田のもとへ送るという作業を、半年近く続けた。その間にも彼は、インディーズで活動する手だてを整え、事務所にテープを送り、バンドをデビューさせるための下地作りをやってきた。

恩田は、バンドを作り始動させるために、どれだけの気力と体力がいるかを知り尽くしている男だった。

幸運を味方につけなければバンドは進まないこともまた、彼は熟知していた。周囲の助力へ、感謝を忘れないことも、だ。

池尻大橋にあるマックスタジオには、5人のギタリストが来ているという。一人ひとりと、「POWER OF LOVE」「BLUE TEARS」「JUDY IS A T∀NK GIRL」を実際に4人で合わせて演ってみる、それがオーディションのやり方だった。

鏡張りのスタジオには、長テーブルが置かれ、そこに事務所やレコード会社のプロデューサー、ディレクター、マネージャーが陣取っている。演りづらさはこっちも同じだと、YUKIは思った。緊張した。これではまるで自分たちもオーディションされているような気分だ。

「自分が審査する側にいるっていうのが不思議だな。面白いな」

これまでセッション・ミュージシャンとして名を馳せてきた五十嵐

公太は、不思議そうな顔を見せる。
彼の上気した頬には、こういう場で、ドラマーとしての腕を試すと同時に鍛錬してきた者の凄みと余裕が浮かんでいた。
（……あたしは、歌いやすいかどうかで決めよう）
難しいことなど考えずに、気持ちよく歌おう。一緒に歌える人かどうかを感じよう。それに、と彼女は思った。
もちろんルックスも含めて、と。
長髪に年季の入ったレザー・ジャケット、自分仕様の完璧なエフェクター類にアンプと機材一式をそろえたロック野郎がやってくる。そのなかに、ギターだけ肩から下げて、気負いなさげな男がひとり立っている。短髪。全然ミュージシャンっぽくない。
尖った音、それでいて彼の演奏は軽やかだった。弾きまくるほかのミュージシャンとは明らかにタイプが違う。うたごころ、と言うのは簡単だが、彼はそれを知っているギタリストだとYUKIは感じた。
（歌いやすい！）
テーブルに陣取ったスタッフの向こう、一面に張られた鏡のなかに映る自分たち４人の姿を見ながら、YUKIは思った。
恩田も五十嵐もそしてスタッフも、JUDY AND MARYのギタリストは満場一致で彼、TAKUYAに決まった。
「いや、あのオーディションは僕がみんなをオーディションしてましたから」
臆面もなくそう言ってのける彼のことが、YUKIは苦手だった。
いや、自分は嫌われていると思い込んでいたのだ。
恩田や五十嵐とはオーディションで会ったときから初対面とは思えないほど打ち解けていた彼が、YUKIにはまったく話しかけない。それどころか目も合わせようとしない。
（この野郎、ナメてんな。くー！　むかつく——!!　なんだよ、初対面の印象が良かったのは、恩ちゃんだけじゃん！）

そう、第一印象が最悪だったのは彼に限ったことではなかったのだ。

まだ函館と東京とを行き来していたころ、初めて五十嵐公太と会ったときは、もっと最悪だったと、YUKIは思い出す。

「ボーカルをやることになるYUKIちゃん、19才」

恩田の横で、サングラスをかけ黒の長いコートを着た五十嵐は、ポケットに手を突っ込んだまま不躾《ぶしつけ》にも上から下までYUKIの容姿に目線を走らせる。

「あ、どーも。へえ。……ふーん」

（何よ、その目つき。なんなのよ、ふーんって！）

直立不動のまま、瞳だけ光らせているYUKIに、五十嵐は言った。

「恩ちゃん、俺さぁ、〝19才で女のボーカル？　イイじゃん。じゃあ、やる〞って言ったけどさ、でも19？　マジで〜？」

オーバーオールに赤いパーカー、足元はドクター・マーチン。髪はショートでスッピンだった。YUKIはムキになってわざと大きな声で答える。

「はい、19です」

「な〜んかなあ。想像してたのとぜんっぜん違う」

（ムカツク！　じゃあどんなの想像してたっていうのよ!?　っていうか、アンタ、すっげぇヤな感じ！　もう最悪！）

これが五十嵐公太への第一印象だ。

その出会いから1年が経った今ではすっかり打ち解けて、年齢の離れている五十嵐は恩田と同じく、YUKIにとって頼れる存在だった。

もともとさっぱりした性格の男たちだけに、どんな事態に陥っても深刻ぶらない。彼らは大人だった。そこが、YUKIには救いだった。

今は話さえしてくれないけど、いずれはあたしのことも仲間だってTAKUYAは認めてくれる——あのオーディションで、バンドみんなで音を合わせたときの感触を、YUKIは信じていた。

〝Bar YUKI〞へようこそ！

「ママ、ここがレコーディング・スタジオだよ。ガラス張りの向こうに小さな部屋があるでしょ、あたしはあそこで歌うんだ」
「はぁー。キッタン、すごいねえ。こんな所で歌うの？」
　４月、六本木セディックスタジオ。この日、YUKIはスタッフやメンバーの許しを得て、函館から東京へ遊びに来ていた叔母と従姉妹たちをスタジオへ招いていた。レコーディングに集中するため外部をシャット・アウトするアーティストは多いが、YUKIたちは違っていた。むしろギャラリーがいたほうが気分が高揚して盛り上がる。
　ママと呼んで慕っている叔母さんと、幼いころから仲良しの従姉妹のナータンとミカ。３人は緊張した面持ちでスタジオのソファに腰かけると、YUKIの立ち振る舞いすべてに目を輝かせている。
「ナータン、ミカ、見ててね！　今から歌うから聴いてて！」
　スピーカーから「BABY〝Q〞」のオケが流れる。すでにボーカル・ダビングは終了し、今日はコーラス部分を録るだけだ。ところが。
「YUKIちゃん、今の英詞のところ、もう１回やってみよう」
　何度歌ってもうまくいかない。こんなことは初めてだ。
　デビュー・アルバムのレコーディングだというのに、ここまでのYUKIはいつも驚くほど速く、OKテイクを録っていた。
（なんでだー!?　ママ、ナータン、ミカ、ごめんよぉ）
　どれだけテイクを録っただろうか、ようやくレコーディングを終えて３人のそばへ行くと、ナータンとミカは安心したのか、今にも泣きそうな顔をしている。姪の頑張りに、感心したようにママがねぎらう。
「キッタン、レコーディングって本当に大変なんだねぇ」
「う、うーん……そうだねえ、ママ……（恥ずかしいぃぃぃ！）」

そう、ママの言う通り、1stアルバムのレコーディングは本当に大変だった。

新宿ロフトでのライブ後、1stアルバムのレコーディングの準備のために、YUKIたちはすぐに山中湖で合宿を行った。

楽曲のデモ・テープなら、インディーズ時代から演っていた作品を含めすでにアルバム1枚作るに十分だったが、実際にそれをレコーディングするとなると話はべつだ。サウンド・アレンジも決まっていないし、YUKIは歌詞を詰めなくてはならなかった。何より、バンドの音を固めると同時に、バンドとして固まる必要があった。

この時点での五十嵐は、いちメンバーというよりもサポート・ミュージシャン的な意識が強く、バンドを客観視していた。

TAKUYAにいたっては、つい数週間前に加入したばかりである。

「よし、じゃあ、みんなで飲むか」

（ヤ、ヤマナカさん、今日も飲むの？　マジで～？）

毎晩リハーサルが終わると同時に、ディレクターの山中幸夫がみんなにそう声をかける。

みんなで酒を飲み、話す。交流を持つ。お互いのことを知り合う。

大切なのはそういうことなんだと、始まったばかりのこのバンドに山中は熱く語った。彼が抱いているバンドへの熱意は、恩田やYUKIが抱いているそれと同様だった。

合宿中は、飲んで飲んで、毎晩みんなして酔っぱらいになった。

そして昼間は、とにかくみんなで音を鳴らす。YUKIも一緒に歌った。たとえ詞が未完成であろうと、机の前であれこれ考えるより音に合わせて歌っているほうが断然言葉をキャッチできる。メロディに符合した、それも自分のイメージにいちばんふさわしい言葉を。

（このメロディにこんな言葉をのせて、こんなふうに歌いたい）

（こんなバンドでこういうふうにシーンに出ていくのがカッコイイ）

この、とか、こんなふうに、とかは、YUKIにしかわからない彼女のなかのイメージ。YUKIは自分の頭のなかにあるイメージに憧れていた。

それが作詞するうえでも歌ううえでも、YUKIの思考や行動のすべてを支配していた。彼女には、イメージこそが絶対だった。

「DAYDREAM」のように心のままに言葉を綴った歌もあるが、1stアルバムの歌詞のほとんどはYUKIのイメージで世界が完結している。

『歌詞には自分のホント成分／ウソ成分／バンドの魔法の成分と3種類のものが混じってる。その比重がちょっとずつ違うだけで、プロとしてやっている以上は裸のままの歌詞は絶対にありえない』――というようなことを自覚するのはこれから数年経ったあとのことで、21才になったばかりのYUKIはイメージに憧れ、それに先導されながら、無自覚で詞を綴っていた。

ただひとつ、とことん曲を聴き込みその世界を自分の体の内に取り入れて言葉を紡ぐというやり方だけは、今も変わっていない。

飲んで話した山中湖での合宿を終え、都内のこのスタジオへ入っても、やはり飲んで話してまた飲んでとスタジオ・ワークは続いていた。

ある夜更けになどは入る店もなくなり、それでもまだまだ帰る気になれず、酒だけ買って駐車場で飲んだこともある。

六本木のはずれにある小さな駐車場、みんなしてコンクリートの上に座り込み、東の空が明るくなるまで飲んだ。どうしてあんなにしゃべることがあったんだろう？　と思うほど、話は尽きなかった。

加入したころはYUKIと目すら合わせようとしなかったTAKUYAとも、少しずつ親しくなった。恩田だけでなく、五十嵐やTAKUYAにまで、恋の相談をしてしまうほど、YUKIはメンバーに打ち解けていった。

けれども、ほかのどんなことよりうれしかったのは、五十嵐とTAKUYAが初めて自分の歌を褒めてくれたことだ。

「いい。いいじゃん、この歌、すごくいいよ」

YUKIが「POWER OF LOVE」を録り終えるや、ふたりはそう言って彼女をコンソール・ルームに迎え入れた。YUKIはうれしかった。バンドのボーカリストとして、少しでも認められたような気がしたからだ。

初めてインディーズ盤を作ったときから、YUKIはこのレコーディング・スタジオのブースという空間が大の苦手だった。マイクの前に立っていると、ただそれだけでわけもなく緊張する。喉が詰まる。

（リラックスしよう。もう、ここを自分の部屋みたいにしちゃおう）

スタジオは、ミキサー卓のあるコンソール・ルームと、ドラムやアンプなどをセットする部屋、そしてボーカルを録るスペースとに分かれている。YUKIはまず、普段ドラムがセットしてあるスペースにソファを置き、その脇の小さなテーブルにちょっとした飲み物を置いて、そこをみんなの休憩所にしようと考えた。

「〝Bar YUKI〟へようこそ！」

録りを終えた五十嵐や恩田がソファにくつろいでお茶を飲み、音の上がりについて話をしたりと、〝Bar YUKI〟はなかなか好評だ。

そして肝心のボーカル録りをするスペースには、YUKIは壁のそこら中に好きな写真や自分が描いたイラストを貼り詰めた。

（とにかく居心地のいいように……！）

かくしてボーカル・ダビングは順調に進んだ。なかなかOKが出なかったのは、ママやミカ、ナータンが遊びに来てくれたあのときと、「あいたくて」の歌をもう一度録ろうと言われ、苦心したときぐらいだ。

ミキサー卓のあるコンソール・ルームの壁には、YUKIの描いたメンバーの似顔絵と一緒に、次々に完成していく歌詞が貼られていった。

あるとき、それを目にしたプロデューサーの成瀬がこう訊いてきた。

「この詞、YUKIちゃんが全部書いたの？」

「はい。そうですけど」

「ふーん。……うん、大丈夫だ。大丈夫だね」
（なんだろ、大丈夫って。……OKが出たって思っていいのカナ？）
YUKIは、根拠のない自信だけがあたしのパワーだ、と秘かに思っていた。気は強いし生意気だし態度はでかいが、その反面、脆くて臆病で周囲の反応や気持ちを過剰に気にする女の子でもある。
自信なんて、まるでない。でも、だから頑張る——YUKIの思考はいたってシンプルだった。いや、迷いや戸惑いなら毎日山ほど降りかかってくるのである、シンプルにいかなきゃあ、先には進めない。

「おはようございまーす」
元気よくスタジオへ入ると、〝Bar YUKI〞のソファの上で恩田が眠りこけている。TAKUYAもディレクターの山中もエンジニア・スタッフも、スタジオのそこここで仮眠をとっている。
（昨夜もまた、みんなスタジオに泊まったんだ……）
しばらくギターを弾いていなかったTAKUYAは、山中の事細かなチェックを受けながら、ひたすらギター・ダビングを続けている。恩田はその日録り終わった音のチェックに、毎回ひと晩を費やしていた。
レコーディングは佳境に入っていた。もうすぐアルバムが完成する。
「あ、俺、これ食いたい」
「いいねえ。これ」
スタジオでいつも楽しみにしていた出前タイム。中華を食べようと開いたメニューに載っていたのは、9,500円のフカヒレスープだ。
「よし、じゃあこのアルバムが50万枚セールスしたら、これをみんなにご馳走するよ」
「やった！」「マジで〜？」「絶対だね!?　ヤマナカさん！」
YUKIたち４人が、麻布登龍のフカヒレスープに舌鼓を打つ日は、そう遠いことではなかった。

夏空に揺れた3つの風船

酔っぱらいのパンクスが、さっきからずっと、ステージ前にかぶりついている。

「いいぞー」「ちゃんと演れよ！」

連中のヤジに、YUKIはだんだん嫌気がさしていた。

ミニスカートの裾を翻《ひるがえ》してコケティッシュに歌うYUKIに、冷やかしの声が飛ぶ。卑しい視線に、だんだん恥ずかしくなってくる……。

事件が起こったのは、そのときだった。

（イントロのコード、いつもと違う。どうしよう、音がとれないよ）

ギターの音に次いでア・カペラで始まる「BLUE TEARS」の歌い出しが、どうしてもうまくいかない。声がふらつく。

音が、止まった。TAKUYAのほうを見れば、演奏をやり直そうとしている。彼の曖昧な笑みに、YUKIも困ったような笑いを見せた。

「おいおい、どうしちゃったの～？」

すかさず飛んでくるヤジに、スンマセ～ンというふうなことを言ってYUKIはやり過ごした。

（今日は最悪だ！）

しかし、ライブは最後までやりきった。そう、YUKIは思っていた。

少なくとも楽屋へ引き上げるまでの間は。

「ったく、笑ってんじゃねえよ!!」

狭い楽屋の通路、五十嵐の怒鳴り声が響く。

（えっ、何？　公太さん、どうしたの？）

慌てて振り返ると、やはりTAKUYAも冗談か何かだと思っているのだろう、笑っていた。しかし、五十嵐も恩田も、スタッフも、誰もが皆、この夜のライブにやりきれない怒りを感じていたのである。
「オマエら、ホントにわかってんのか？　こんなんじゃあ、プロになれない！　これじゃあ、うちの事務所が恥ずかしいよ！　こんなバンドをデビューさせることが本当に恥ずかしい」
　これまで怒った顔など一度も見せたことのないプロデューサーの成瀬の様子に、YUKIは恐れを感じるどころか呆気にとられていた。
（……なんでナルセさんまでこんなに怒ってるの……？）
　小さな楽屋とはいえ新人バンドに個室を与えてもらえるなんて、まったくあたしたちは恵まれている、これもスタッフのおかげなんだな、と今日ここに入ったときに感じていたことを、YUKIは思い出していた。
　そういえば、あんまり天気がいいからってこの窓を開け放ったまんまステージに出ていったっけ……。
　澱んだ部屋の空気を浄化するように、夏の夜風が入ってくる。
　しかし五十嵐は、YUKIたちのほうに背を向けたまま、怒りを吐き出すようにひとり煙草を吹かしている。
　成瀬の怒りは鎮まりそうにもない。
　いつもなら間に入り、事態が沈静化するように事を運んでくれるマネージャーの堀江でさえ、腕を組んだまま口を閉ざしている。
（演奏が止まって、笑ってたことかな……？）
　怒りの原因を突き止めるため、YUKIはYUKIなりに考えを巡らしたが、それは見当違いだった。
　ファミリー・レストランに場所を移し、ミーティングは夜更けまで続いた。
　プロとしてライブをやるということがいったいどういうものなのか、オマエらまるでわかっていない、と五十嵐に諭《さと》された。
　毅然としろ。どんなときにも自分たちの音楽をちゃんと聴かせる、客を奪《と》ってやるぐらいの気合いがなくてどうするんだ、と。

「マネジ、あたし、まるでわかってなかったね」
　帰り道、しょんぼり肩を落としているYUKIに、堀江が言った。
「YUKIちゃん、今日のYUKIちゃんは前のパンクスしか見ないで演ってたでしょう。でもさ、このクラブチッタって広いんだよ。後ろまでお客さんがいるんだよ？　それなのに前のほうでしか演ってなかった」
　そうだったのか、と、YUKIは思う。
（あたし、あのときヘグリさんに言われたこと、忘れかけていたのかもしれない）
　インディーズ時代、原宿ルイードでJUDY AND MARYのライブを観た当時の事務所社長、平郡泰典はYUKIにこう言ったのである。
「YUKIちゃんのその二の腕と、あと目線が良かった。小さいステージで演っているのに、すごく広い所で演ってるみたいに歌ってたね」
「あの、でもヘグリさん、あたしはそんなんじゃなかったんです。お客さんほとんど入ってないし、歌ってても見るところないから、だから遠くを見て歌ってただけなんです」
　本当にそうだった。何も考えず、歌っていただけだ。けれども、率直にそう告げる彼女に、平郡は夢のような言葉をかけてくれたのだ。
「でもね、それがすごく良かった。未来が見えたんだよね」
　未来が見えた——そんなうれしい言葉も、バンドの可能性に賭けてここまで支えてきてくれたスタッフの気持ちまでも、裏切るようなライブを観せてしまった。YUKIはくちびるを噛みしめた。
　もう甘っちょろいものは観せられない。
　気合いの入ってないライブなんかやらない。
　誰にも媚びない。絶対に退かない。負けない。そう心に決めた。

　スタッフを失望させたそのライブから、10日と経っていなかった。
　8月12日、YUKIたちは中西圭三の前座として〝りんくうフェスティバル〟に出演する。初の野外イベント、抜けるような空のもと、だだっ広い敷地に集まったお客さんの数は、実に8,000人に及んでいた。

「皆さま、〝りんくうフェスティバル〟へようこそお越しくださいました。本日は、9月22日〈POWER OF LOVE〉でエピック・ソニーよりデビューします、JUDY AND MARYの演奏からお聴きください」

　生真面目なアナウンスに、ステージの裾で笑い転げる4人。

　客席の様子に耳を傾けるが、反応はまるでない。

「ママー」「あ、風船が飛んでったー」といった子供の声が聞こえてくるだけだ。実にのんびりしている。

「今日は初めての野外だし、8,000人、気持ちよく演ろう」

　ライブを始める前の、気合い入れ。

　差し出した手に手を重ね、4人で円陣を組んで恩田の言葉に頷く。

「YUKIちゃん、最近たまに自信なさそうなときがあるけど、YUKIちゃんはいちばん最初に演った鹿鳴館のころ、もっと違ったよ。〝客、奪《と》ったる！〟〝関係ねぇ！〟みたいな感じで演ってたよ」

「うん。わかった」

「よし、じゃあお客さんはみんな俺たちのことは知らないんだから、曲をちゃんと聴かせて、とにかくこっちを見させる。ひとりでもふたりでもいいから、連れていく！　気合い入れて演ろう!!」

「おう!!」

　JUDY AND MARYのライブのオープニング・テーマ「GLAMOUR PUNKS」が流れるなか、五十嵐、TAKUYA、恩田に続き、青いタンクトップに白いスカート、厚底の白いスニーカーでYUKIはステージへ飛び出していった。

　目の前には、どこまでも人がいる。しかもみんな、体育座り。

　大音量で演奏は始まっているのに、空気はくつろいでいる。

　YUKIはなんだか楽しくなってしまった。

気持ちいいくらいに自分の歌がうたえている。

夕暮れの近づいた美しい空の模様を眺めながら「BLUE TEARS」を歌い始めたとき、YUKIはそれまでにない感覚にとらわれた。

なぜか無性に、じぃんときたのだ。歌っている自分が、自分の歌に感じ入る。こんなことは、初めてだった。

しかも、どうやらそれは自分だけではないということに気づく。

（お客さんが歌を聴いてくれてる。聴いてくれてるよ／）

歓声や手拍子といったサインは何もないけれど、YUKIにはそれがはっきりとわかった。演奏を始めたころとは、明らかに空気が違うのだ。

最後の曲を始めたときだった。いちばん前で観ていた女の子３人が、立ち上がってくれるのが見えた。拍手をしてくれているのがわかる。

（やった／　すごいよ、立ってくれてるよ——!!）

（素晴らしいライブだ、これはベストワン・ライブだ／）

まだ数えるほどしかライブをやっていないというのに、すべてのメニューを終えると同時に、YUKIはもうそう思っていた。興奮していた。

「ドラム五十嵐公太、ギターTAKUYA、ベース恩田快人、歌ってるYUKIです。JUDY AND MARY、よろしくお願いします／」

そう言ってステージを降りようとしたときである。

「ユキちゃーん／」

見れば、風船が３つ、空のなかで揺れている。

あの女の子たちが、風船を握りしめた手を大きく振りながら、自分の名を呼んでくれているのだ。

「ユキちゃ——ん!!」

昨日まで知らなかったはずの名前を、今こうして大声で呼んでくれている。これまでに感じたことのない喜びを、YUKIは覚え始めていた。

光る砦

1stアルバムのレコーディングが佳境に差しかかったころ、YUKIは音楽番組『eZ a Go! Go!』のパーソナリティを始めることになった。

前任者は、チャラ。

音楽ファンとしてチャラを敬愛していた彼女にしてみれば、テレビという不慣れな媒体での不得手な役割と、チャラの後任というプレッシャーから、毎週収録が近づくと胃痛に顔をしかめていた。

カメラが向くと緊張のあまり瞬きが増える。個性的なバンド名や長くて難しい曲名、それらすべてがYUKIの心を悩ませた。自慢じゃないが、暗記は得意ではない。それがもとでバスガイドの仕事を辞めたくらいである。とちる。そのたび、番組収録は中断する。スタジオにはゲストがお目当てのお客さんも入っている。収録中断となるたび、客席に座った女の子たちから嘲笑を浴びる。ときにはYUKIにだけ聞こえるように「ちょっとアンタ邪魔だよ、ゲストが見えないよ」といった酷い声が飛ぶ。容赦ないのだ。

しかしYUKIが何よりたまらなかったのは、すでにデビュー・シングルが完成し、アルバムだってもうすぐ仕上がるというのに、ボーカリストとして番組に参加していないことだった。このスタジオでは、YUKIは〈JUDY AND MARYのYUKI〉ではなかった。バンドをやっていることもうすぐデビューすることも、アピールできない。ここでの彼女は〈謎の少女、YUKI〉とでもいえばいいのだろうか、あくまでいちパーソナリティとしての出演だったのである。

「大丈夫だよ、気楽にやればいいんだよ。そんな、〝すいません〟って何度も言わなくっても大丈夫なんだよ、YUKIちゃん」

一緒に出演しているダンサーの女の子たちや番組の女性スタイリス

トは、そうYUKIを励ましてくれた。
でも、なかなかそうはできない自分の性格がYUKIは嫌でならなかった。いろんなことを気にして、気にしたそのぶんだけ失敗につながる。
（もうあたしを映さないで！）
カメラが怖かった。それに、観覧席にいるお客さんが怖かった。
けれども、まさかそのなかに出会いがあるとは。
「磯谷先輩！　磯谷先輩でしょう？　私も愛高なんです、後輩です」
いつも番組収録を見に来ていたグループ、そのなかのひとりに、ある日声をかけられる。函館出身、しかも母校の後輩だという。
「ホントにー？　そうだ、ねえ、帰りにお茶でもしようか？」
それからというもの、番組終了後、一緒にお茶して話して帰るのがYUKIの楽しみとなった。
話は尽きなかった。彼女たちにはお気に入りのアーティストがいて、彼らをお目当てにこの番組収録を見に来ていたわけだが、YUKIからアーティストの裏話を聞き出そうなんて魂胆は微塵も感じられない。
YUKIは古くからの友達に相談するように、実はこの仕事、けっこうつらいんだと自分の悩みを打ち明けるようになっていった。
「あたし怖いんだ。みんな知ってるように、全然できないしさ」
「何、言ってんの？　大丈夫だよ。いろいろ言ってるヤツもいるけどさ、べつにYUKIちゃんが気にすることないじゃん？」
「ウチらいるしさ。頑張んなよ」
スタジオで偶然知り合った友達、ミカとミキ。それから7年近く経った今、彼女たちはYUKIを支えてくれる大切な仲間となっている。

とにかく、やれるだけやってみようとYUKIは思い始めていた。
「YUKIちゃん、レコード店にチラシを配るんだけど、JUDY AND MARYのデビューまでをイラストで描いてみない？」

事務所のプロデューサーである成瀬は、レコーディング・スタジオに貼ってあったYUKIのイラストを見てすぐにそう勧めた。

戸惑うというより、YUKIにはわけがわからない。そういうことは普通、プロのイラストレーターに任せるのではないか？

（あたしなんかのイラストでいいのかな。でも、ま、やってみっか）

うさぎを自分に見立ててYUKIが描いた〈JUDY AND MARYストーリー〉は媒体関係者や各地のレコード店に好評だった。デビューが近づくにつれ、ラジオや雑誌の取材、レコード店回りとキャンペーンが始まる。そこで初めて出会う人たちから、イラストの感想を寄せられる。レコード店の人たちがCDの横に飾っておいてくれる。

（へえ。こういうこともこんなふうに実を結ぶんだ）

実感がわく。自信とは、もしかすると実感の積み重ねなのかもしれない。たとえ、それがどんなにささやかでちっぽけなことだとしても、無自覚であったとしても、それは彼女のなかに光る砦《とりで》を築いていく。

9月22日、YUKIは新宿のタワーレコードにいた。

ラックから一枚、「POWER OF LOVE」を手に取ってみる。いったいこのフロアに何十万枚あるかわからないCDのなかで、これが世界にたったひとつJUDY AND MARYのデビュー・シングルなんだ——などというセンチな気分には、なぜだかまるで襲われなかった。

ただ彼女の小さな手のなかに、「POWER OF LOVE」がある。

YUKIはそれを持ってレジへ行くと、お財布から800円を取り出してデビュー・シングルを買い求めた。

（これから、ずっと、発売日には自分たちのCDを買いに来よう）

この日彼女がJUDY AND MARYに約束したこの決め事は、2ndシングル「BLUE TEARS」が発売された翌々月の11月21日も、その後もずっと、一度も破られることなく続いている。

伝説のライブ

どうしてこんなに忙しいんだろう……？

新幹線で小倉まで行く間、すっかり見慣れた景色を眺めながらYUKIはぼんやりとそう思う。

アルバム完成後、バンドはすぐに次のレコーディングにとりかかり、並行してライブもやっていた。音楽をやる毎日は刺激的だ。楽しい。

しかしYUKIの活動のなかでは、ラジオや雑誌の取材など自分たちの音楽を伝える作業のほうが圧倒的に増えていた。そのほとんどがYUKIひとりで受けるものばかりで、なのにいつもインタビューで上手にしゃべれない。バンドの音楽をちゃんと伝えることができない。

そのうえ『eZ a Go! Go!』のパーソナリティに加えて、YUKIはラジオ番組『NON STOP Radio Jam』まで持つようになっていた。

小倉にあるラジオ局、クロスFMまで新幹線でたっぷり５時間半。

移動時間もすごいが、YUKIをもっと驚かせたのはその番組が４時間にも及ぶということだった。小学生のころ姉とふたりでやっていた『サタデーナイト』とは違うのである、YUKIは頭を悩ませた。

「『NON STOP Radio Jam』、こんばんは、YUKIです」

最初の挨拶から、オンエアする曲の感想まで、トーク部分の原稿の一言一句を自分で書いた。

今まで以上にCDを聴き、アーティストの活動や近況をチェックし、自分なりの感想を織り込めるようにと普段からノートにメモをとる。

音楽に関係のない日常のささいな出来事や、東京で仕事をしている間に見かけた光景、気づいたことまでを書き留めるようになった。

やがて自分でも気づかないうちに、観察する視点が増えていく。

音楽の世界が広がっていくのがわかる。

「YUKIちゃんの好きなもので特集を組んでみる？」
「え、ホントに？　トミタさん、やっていいんですか？」
番組プロデューサーやディレクターをはじめ、スタッフは皆、気のいい人たちばかりで、放送が終わるとみんなで小さな居酒屋へ出かけた。YUKIはバンドのことや音楽の話、番組には関係ないようなバカな話をたくさんした。店が閉まるまで話し込み、夜中の3時ごろホテルへ帰り、翌朝には新幹線で東京へ戻る。
週に一度の『NON STOP Radio Jam』、それが9月からずっと続いている。喉も体も疲労する。けれどもいろんなことをぐんぐん吸収していく自分のことが、YUKIは面白くてならなかった。
テレビやラジオ、雑誌のインタビュー。いろんな人に出会い、話すことで音楽を伝える――落ち込んだり、天にも昇るような気分になったりと、彼女の心は多感だった。多忙な日々はものすごい速さで過ぎていく。そのなかで、YUKIは確かに、成長していった。

「公太さぁーん。ごめん、送ってってー！」
「またかよ〜？　俺はアシじゃないんだからな。オマエらこれで電車使ったことにして、交通費を精算するんだろ？」
「当ったり――！」
スタジオでの作業がひけたあと、若者組のYUKIやTAKUYAは車で動いている五十嵐に頼み込んで、よく送ってもらっていた。
浮いた電車賃は180円とか250円。でもそれがYUKIには貴重だった。
ゆっくり休める時間もなければ、お金なんてもちろんない。
東京に出てきて最初の半年は月10万、事務所に所属するようになってお給料は20万に上がったものの、YUKIの生活はぎりぎりだ。
家賃に食事代、洋服や小物やアクセサリー、雑誌代に電車賃と、あっというまにお金は消えていく。部屋のある江古田から池袋までの電車賃を浮かせるため、ママチャリで目白通りを走ったこともある。

交通費を事務所で持ってもらえるようになってからというもの、YUKIは事細かにその精算を始めた。戻ってくるお金が唯一のお小遣いみたいなものである、浮いた180円、むちゃむちゃ貴重なのだ。

「しっかしEgg-manでヘアメイクさんが付いてるなんて、初めてだな」
「メシまで用意してあるよ」
「うわー、お花が届いてるよぉーっ！」

11月25日、渋谷Egg-manの楽屋は荷物とメンバーの嬌声にあふれていた。初のワンマン、YUKIの胸は高鳴った。

イベントでのほかのバンドに対抗する気持ちや、どんなお客さんを前にしても退かない強さなら、5月から8月にかけて行ったライブで体に染み込んでいる。

けれども今日は違うのだ。自分たち以外、ほかには誰も出ない。

（みんなあたしたちだけを観に来てくれるんだ……！）

緊張なんてまったく感じない。YUKIの頭のなかは、自分をどう見せるか、どんなふうに何をしゃべるかでいっぱいだった。

（今夜はあの曲のあそこで、こんなふうに回ってみよう）
（あのMCでは、最後にこう言おう。うん、決まり。カッコイイ！）

考えていると、楽しくてしょうがない。

緊張なんてしている暇がないのである。

何より最高のイメージは〈伝説のデビュー・ライブ〉。チケットを手に集まったファンと詰めかけた媒体関係者で、ライブハウスの扉が閉まらないほど人がいっぱいになる——そういう伝説のライブになるといいなあ、と、うっとりした顔つきのYUKIに恩田が言った。

「……YUKIちゃん。あのね、俺たちまだ始まったばかりなんだよ。伝説もクソもないよ」

「あ、そっか。そうだった。そうだよね、あたしたち、これからだ」
　このバンドの噂はすでに業界に広まっていた。イベントでつかんだファンは、YUKIたちのステージに熱狂した。会場のキャパを上回る人の数だけ、Egg-manのドアは開閉され、場内は熱気であふれ返った。

「へえー。恩ちゃん、このバンドって、出待ち、いないよ」
　近くの打ち上げ会場へ行こうと外へ出ると、五十嵐と恩田が笑い合っている。ライブが終わると、外でプレゼントや手紙を持った大勢のファンが待ちかまえている——それは恩田や五十嵐にとって、ライブ後のいつもの光景だった。しかし、今夜は人っ子ひとり待っていない。
　訝《いぶか》しそうにふたりの様子を見ているYUKIに、恩田が教えてくれた。
「誰も待ってないからって気にしなくていいんだよ。反対に、これは喜ばしいことだと僕は思う。YUKIちゃんや僕らに興味があるっていうよりも、まずJUDY AND MARYの楽曲が好きでみんなライブに来てくれてる、そういうことだと思うからね」
　Egg-manの正面入り口を出て、公園通りの坂を歩き、YUKIはみんなと一緒に打ち上げ会場へ行った。出待ちのいないバンドを待っていたのは、テレビやラジオ、雑誌やレコード店の人たちだ。
「YUKIです、よろしくお願いします」
　たくさんの人を紹介され、YUKIは飲み物や食事に口をつけるまもなく、数えきれないほどの挨拶をした。とにかくしゃべった。
　誰に何を話したかも、もうよく覚えていない。
　ライブの興奮が冷めなかった。ひとり電車に乗って帰る途中も、部屋に着いてもまだ、YUKIは得体の知れない興奮に包まれている。
（いいね、やっぱりいい。ライブがいちばんだよ！）
　彼女のイメージと合致しているかどうかはべつとして、この夜のことを伝説のライブと人が呼ぶようになるまで、時間はかからなかった。

無敵のJ・A・M

〈4月8日　J・A・M　セディックSt〉

たとえばこんなふうに、1993年の春からYUKIの小さなスケジュール帳は、この3つのアルファベットで占められていた。

JUDY AND MARYを略して〈J・A・M〉。

記念すべきデビュー・アルバムのタイトルは、ここからネーミングされた。発売は1994年1月21日。しかしバンドはこのときすでに、「キケンな2人」「RADIO」そして「Hello! Orange Sunshine」といった新しい楽曲を完成させていた。『J・A・M』のレコーディング終了後もライブやキャンペーンと並行してスタジオ・ワークは続いていたのである。

デモ・テープをもとに4人でスタジオに入り、セッションしながら楽曲を仕上げていく。恩田だけでなく、TAKUYAも作品を持ってくるようになり、2ndアルバムに向けてJUDY AND MARYの音楽の世界が少しずつ広がっていく予感をメンバーの誰もが抱いていた。

さらにはそこに、新たな出会いが訪れる。

「こちらが、プロデューサーの佐久間さん」

「よろしくお願いします、YUKIです」

「佐久間です」

「キケンな2人」のリハーサルを行っていたスタジオにやってきたのは、佐久間正英だった。長身で、どこか飄々《ひょうひょう》とした様子のこのサウンド・プロデューサーを前に、YUKIは緊張を隠せない。

ブルーハーツやBOØWYを手がけていたという話はスタッフから聞かされていたし、四人囃子、プラスチックスという伝説のバンドでプレイしてきた佐久間と一緒に音楽を作れると、あの五十嵐や恩田が興奮しているのである。

（あたし、やりたいことをちゃんと伝えなきゃ。話をしなきゃ）
自分たちのバンドのこと、これからレコーディングにとりかかる新しい曲のことを、頑張ってちゃんと話そう、自分を伝えようとYUKIは張りきった。
しかし、どうぞリハーサルを続けてください、と彼は言う。
話をするより、演っているところを見たいので、と言うのだ。
YUKIたちはリハーサルを続けた。いつものようにメンバーで意見を出し合いながら、２～３回演っただろうか。
「じゃあ。僕は、これで」
そう言うと、ディレクターの山中とひと言、ふた言、会話を交わし、佐久間は引き上げようとしている。
（なんで――？　まだなんにも話してないのに、これでもうわかったっていうの⁉　それともダメなの？　なんなのよ――‼）
感じワルイ、とYUKIは思った。何か言わなきゃ言っておかなきゃ！YUKIの頭はそう指令を出すが、とった行動は突飛だった。
「ちょ、ちょっと待ってください。あの、佐久間さん、これ」
佐久間はきょとんとした顔をしてYUKIを見ている。ふたりの身長差は軽く30cmはあるだろう。YUKIは、手を差し出した。
「これ、あげる」
小さなカエルのぬいぐるみ、なぜそんなものを渡そうとしているのか、自分でもわけがわからない。
「あ。……うん、じゃあ。ありがとう」
淡々と何事もなかったかのように短い挨拶を残すと、カエルのぬいぐるみを手に、佐久間はスタジオを出ていった。
飄々とした人、その第一印象はレコーディング・スタジオに入ってからも変わらなかった。
「うん、いいね。今の歌、すごくいい感じだなあ」

YUKIの歌を、さりげなく褒める。
（佐久間さんに褒められると、どうしてこんなにうれしいんだろ？）
アドバイスの仕方も、チェックを入れるタイミングも、褒め方も、とてもさりげないのだ。まるで優れた先生のように、的確にYUKIの歌を診断してくれる。その物の言い方までがYUKIをうれしくさせた。
レコーディングは順調に進んだ。「RADIO」「Hello! Orange Sunshine」ではマイケル・ツィマリングという新しいエンジニアが加わり、彼が仕上げた音を前にYUKIもメンバーも自分たちのサウンドに新たな可能性を感じた。

6月の終わり、YUKIたちは「Hello! Orange Sunshine」のビデオ・クリップを撮るため、北海道の旭川へ行く。
「上がった曲、CDにおとして持ってきました」
移動のロケバスのなか、JUDY AND MARYの仕事に就いてまだ数ヵ月という若手ディレクター土蔵貴人の声に、メンバーは沸きに沸いた。
「かけよう！　聴こう！」
「曲順、どうする？」
「聴こうよ、聴きながら決めていこう」
「POPSTAR」「どうしよう」「Hello! Orange Sunshine」「RADIO」「Cheese “PIZZA”」「小さな頃から」「HYPER 90'S CHOCOLATE BOYFRIEND」「キケンな2人」「クリスマス」「自転車」そして「ダイナマイト」。
喉の調子がおかしいときもあった。
わけもなく不安な気持ちになって、どんなに頑張っても詞が書けなくて、スタジオをキャンセルしたこともある。
特に「Hello! Orange Sunshine」のときは重症だった。
（そうなんだよね、山中さんとの最後の仕事って、この曲だったんだ。あのときはホントに困らせちゃったな）

「Hello! Orange Sunshine」のレコーディングを最後に、あれほどこのバンドの楽曲を愛してくれた山中は、レコード会社の人事異動でJUDY AND MARYの担当をはずれていた。

YUKIは、最後まで山中の手を煩わせたことを思い出す。

本当に詞が出来なかったのだ。

〈夜の観覧車がぐるぐる回っちゃう　止まらない　光が欲しい〉

輝くようなメロディに、こんな言葉しか浮かんでこない。

歌入れ当日の朝がやってきてもどうにも詞が出来ず、こともあろうか、YUKIはスタジオをさぼろうとした。

「風邪ひいたみたい。ごめんなさい。マネジ、今日は休みたい」

そんな嘘がマネージャーの堀江に通じるわけもなく、メンバー、ディレクターの山中と、全員が事務所の会議室に集合した。

自分には作詞のセンスはないからとそれまで歌詞にかかわったことのなかった五十嵐も、頭をひねってアイデアを出してくれる。

「YUKIちゃん、動詞なら動詞でここに集めてるから。参考にして」

恩田は何年も前から書き留めてきた〈言葉表〉なるノートを持ってきてくれた。そこには、たとえば〝見る〟〝見つめる〟〝眺める〟といったふうに、ストックした単語がびっしり書き連ねてある。

作詞作曲し、自分でも歌をうたうというTAKUYAは、さすがにメロディと言葉とを符合させることに長けていた。

「Aメロの歌い出しのメロディ、こう変えてみたらどう？　♪オレンジをかじって〜　……ほら、こうすればもっと言葉のノリが良くなる」

みんなで頭を寄せ集め、「Hello! Orange Sunshine」を作った。

Tack & Yukkyで作詞した「キケンな2人」「RADIO」も、ひとりで書き上げたほかの歌たちも、このアルバムが出来るまでの時間のすべてが、YUKIには愛しくてたまらなかった。

まっすぐに続く北海道の道を、YUKIたちを乗せたロケバスは、新しい歌とメンバーの声とを響かせながらどこまでも走っていく。

「もう、すごい！　これはすごいよ!!」

1曲終わるそのたびに、おぉ！　すごい!!　と歓声があがる。

「このアルバム、絶対イケる！」

「こーんないいもの作っちゃって、どうする？　俺ら」

「ホントだよ。次、どうしようか？」

（このアルバム、すごすぎ——ッ！　もうホントにこれ以上いいものって作れないかもよ？　すごいよ、それぐらいイイ！）

このとき4人はつながった、なんていうひどく青臭い言葉でさえ、この瞬間のYUKIたちなら、すんなりと受けつけたことだろう。

4人の力が、ぎゅっとひとつに固まっていく。

生き方も性格もまるで違う4人が、JUDY AND MARYの音のなかで、今、確かにつながり合っている。

（このバンドって生き物みたいだ。しかも、むちゃむちゃ無敵！）

プリン・ア・ラ・モード　ツアー、JUMBO APPLE MADツアー、Hello! Orange Sunshineツアー、そして学園祭と、JUDY AND MARYは春から秋にかけて、ライブも数多く行っていた。その間にクラブクアトロ、日清パワーステーション2DAYSと、動員も会場の規模も少しずつ膨らんでいき、2ndアルバムを引っさげてのORANGE SUNSHINEツアーでは初のホール・ツアーを敢行することになる。

クリスマス・イブの夜の渋谷公会堂。ステージのオープニングには、シルバーのミニのワンピースにピンクのヒールを踏みならし、テディ・ベアを抱えて「どうしよう」を歌うYUKIの姿があった。

葛藤

午前6時、鍵を開けて、部屋のなかに入る。

ノートや雑誌やCDやテープ、ファンのコからもらったぬいぐるみや手紙がどっさり入ったバッグをリビングに置くと、YUKIはすぐにカーテンを閉めた。少しでも眠っておきたいのに、5月の朝はあっけないほど早く、やってくる。

『オールナイトニッポン』の2部を始めてからというもの、さすがのYUKIも体力の温存というものを考えるようになった。

週に一度とはいえ、夜中の3時から5時という時間帯を自由に使えないのはきつい。喉も体も疲れ果て、なのに、頭ばかりが冴えてしまって、放送が終わり家に帰ったあともなかなか寝つけないのだった。

シャワーを浴びると、缶ビールを片手に寝室へ入る。

ここ、深沢へ越してきて初めて、リビングと寝室とがセパレーツの部屋に暮らせるようになった。

去年の7月のパワステ2DAYSのその初日、前に住んでいた三軒茶屋のマンションの水道管が壊れて部屋のなかが水浸しになるという災難に遭い、しばらくホテル暮らしをしたあとで、この部屋へ越してきた。

衣類も家具も電化製品も全部水にやられてしまい、家財道具は一新。

しかし作詞ノートや日記、手紙、写真といった思い出のものたちは、もうどうにもならない。デビューが決まったお祝いにと、父親がプレゼントしてくれたオーディオやビデオもダメになってしまった。

唯一の生存物は、新しい部屋の寝室に置いてあるこのテレビだけだ。

（おっ、かかってるよー。また流れてる！　こんなに朝早い時間帯にも流れてるんだね、このコマーシャルって）

ベッドにもぐり込み、なんとはなしに眺めていたテレビから、自分の声が聴こえる。
（いい曲だなあ。こんなに素直に、こんなに普通にうたえる歌って、そんなにないのかもしれないな）
自分たちの曲をひとり自画自賛して、ごくりとビールを飲み干す。
この曲が車のCM曲として起用されると聞いたとき、YUKIやメンバーは、さして特別なプレッシャーを感じなかった。
サウンドの作りに関してはYUKIはそれほど詳しくないが、これがいちばんストレートな楽曲であることぐらいわかっていた。
（J•A•Mでこういう曲って、ありなのかな？）
あまりのシンプルさに、最初はそう感じたほどである。
曲はするりとYUKIのなかに入り込み、すぐに詞が出来た。
「マネジ、やっぱり〈バギーバギー〉ってタイトルじゃダメかな？」
「YUKIちゃん、バギーじゃダメだよ」
「んー。好きなんだけどなぁ。バギーって単語もこのタイトルも」
一瞬そこで悩んだぐらいで、歌入れも驚くほど速く終わった。
それが、今テレビから流れている、「Over Drive」だった。

「この曲いい！　演りたい！　すぐ録ろうよ」
どれを「Over Drive」の次のシングルにしようかと話し合っているとき、恩田が持ってきた曲を聴いてYUKIはすぐにそう言った。初のヒット曲に続くシングル、だからといって、妙な気負いなどなかった。
〈長い髪に憧れた　夜に降る雨は好きだった〉
メロディを聴いていると、次々に言葉が出てくる。景色が浮かぶ。
夏の終わり、吹いてくる風がＴシャツの背中を膨らませた。プールで泳いだあとのすべすべの肌に、綿シャツの乾いた感触が気持ちいい。帰り道はいつもちょっとだるくって、電車に乗るとすぐにみんな眠りこけた……。

思い出がいっぺんにこぼれ出していく。

姉と大喧嘩して捨てた日記も、水浸しのあの部屋でぷかぷか浮かんでいた日記も、今はもうYUKIの手元にないけれど、心のなかに留まっていた懐かしい感触がメロディに呼び出されていく。

（消えてくものの、せつなさ。その儚《はかな》さ。だからこんなに、焦がれるんだ。大切にしたいって、強く思うんだ）

「Over Drive」に続くシングル曲「ドキドキ」の仕上がりに、YUKIは満足していた。

（「Over Drive」と「ドキドキ」。よし、じゃあ、こいつらの周りを固めるヤツらを作っていこう！）

3rdアルバムを作るにあたって、向かう先が決まったような気がした。バンドにはまだまだほかにもいい曲がある。あとはデモ・テープのなかからどれを選曲し、どう仕上げていくか、だ。

けれども、（どうしてだろう……？） YUKIはなぜか、ピンとこないものを感じていた。

「このアルバム、絶対イケる！」

「こーんないいもの作っちゃって、どうする？　俺ら」

「ホントだよ。次、どうしようか？」

1年前の夏、旭川を走るロケバスのなかで『ORANGE SUNSHINE』を聴いたときの興奮を、YUKIは思い出していたのだ。

（〝こんなにいいものって、もう作れないかもしれない〟って、あのとき思ったことがホントになったら……どうしよう……？）

嫌な予感に、縛られそうになる。『ORANGE SUNSHINE』を超えるアルバムはもう作れない、いや、作ってみせる、という矛盾した感情に、苛《さいな》まれていく。名作を生み続けるための、アーティストとしての葛藤の始まりだった。

輝く未来へ

1995年の夏、バルコニーから桜の樹が見える部屋を見つけ、YUKIは上京して3度目の引っ越しをした。

（うん、大丈夫。ここ、すごく気持ちいいよ）

3rdアルバムの歌詞のほとんどは、この家のリビングで書き進めることになる。

アルバムのプリプロダクションは、これまでにない時間を費やして行われ、JUDY AND MARYは8月に入ってようやくレコーディングにとりかかろうとしていた。『ORANGE SUNSHINE』ではいくつかのブロックに分けて録り進めていたが、今回は夏のイベントにも一切出演せず、7月から9月までレコーディングに充てている。

1st、2ndとも、古くからあった曲やライブで演奏したことのある曲ばかりが収録されていたのに比べ、このアルバムでは「帰れない2人」「Little Miss Highway」以外はほとんどが書き下ろしだ。

さらに新しく、さらにいいものを作らなければならない——YUKIは、そう自覚していた。

「この曲、歌いたい。あたし、すぐに詞を書くよ」

自分でそう言い出したものの、なかなか詞が書けない、というようなことが多くなったのも、このころからだ。

見かねた五十嵐が声をかける。

「YUKI、無理すんなよ」

「いや、絶対にやる。あたし、頑張って書くから」

日ましにどんよりしていく彼女に、恩田が提案する。

「YUKIちゃん、この曲は次に見送ろう」

「いや、この曲、絶対いいから。もうちょっとで出来るから」

しかし、歌入れ前日。出来ていない。もう時間がない。
「YUKI、どうなの～？　どうすんの～？」
「……うん、頑張る…………っていうか、TAKUYA、助けて！」
たとえば「ステレオ全開」は、TAKUYAのアイデアを借りながら仕上げた。「Miracle Night Diving」は、もっと悩んだ。イメージと言葉とが自分のなかでなかなか合致してくれず、最後の最後まで持ち越した。ぎりぎりに仕上がり、その勢いが歌に表れたのかどうか、ボーカル・ダビングではすぐにいいテイクが録れた。
いい曲だと思ったら、YUKIは絶対に退かない。作詞でどんな苦しみを味わったとしても、だからまた、繰り返すのである。
「この曲、歌いたい。あたし、すぐに詞を書くよ」と。
YUKIの感性を、五十嵐や恩田はバンドのひとつの羅針盤として信じているところがあった。
「YUKIの言う、〝カッコイイ〟とか〝好き〟とか〝いい〟には勝てない」
五十嵐はYUKIのことをよくそう言った。
男たち３人には解釈しがたい感性をYUKIは持っている。
反対に、YUKIにはなかなか理解できない視点で、TAKUYAや恩田、五十嵐がバンドの音楽を見つめていることも確かだった。
また、志向や視点に違いこそあれ、同じ背丈で感じ合えるTAKUYAの存在は、あらゆる意味でYUKIの創造力を触発した。

「ドキドキ」「Little Miss Highway」「Oh! Can Not Angel」「あなたは生きている」「アネモネの恋」――ミックスを終えたばかりの新しい歌たちを、ひとり聴いていると、YUKIはわけもなく泣けてきた。
「帰れない２人」が流れるといつも涙がこぼれた。
（せつないアルバムだなぁ。……なんか、悲しい感じの歌が多いんだね。このアルバムの歌って）

新たなリズムを取り入れ、バンド・サウンドの幅は大きく広がっていった。歌詞とメロディとのブレンド感は、JUDY AND MARYのそれまでのアルバムのなかで傑出している。

当初YUKIが描いていた、「Over Drive」「ドキドキ」を核に作っていこうというイメージは、レコーディングが進むにつれ変化していった。作品一つひとつに独自の世界があり、さらには「Miracle Night Diving」といった新たな核と成り得る作品が出てきたからだ。

次々に完成していく新しい歌たちに、YUKIは確かな手応えを感じていた。同時に、これで本当に前作を超えることができるのだろうかと、つねに自問自答していた。素晴らしいアルバムを作りたいという欲求は、1年前とは比べようのないほど高まっている。

このアルバムは、YUKIが案じているその間にも、バンドを先へ先へと誘導していく力を備え始めていた。ライブ動員は増え続け、また「Over Drive」の影響でバンドを取り巻く状況は、変わりつつある。3枚目のこのアルバムが、より多くの人から真価を問われる作品になることは、YUKIにもわかっていた。

9月に入り、ミックス・ダウンも残すところ数曲と、アルバム完成まであとわずかというときのことだ。

YUKIたちは、その日のミックスの仕上がりをチェックしていた。コンソール・ルームにあるソファや椅子にそれぞれ腰かけ、耳を傾ける。そこに珍しく、マネージャーの堀江がやってきた。

彼は楽曲が仕上がるまで、あえてバンドの音をほとんど聴かない。この夏から新しくスタッフに加わった柚上直之にレコーディング現場を一任してからというもの、ほとんどスタジオに顔を出していなかった。

「マネジ、今日はどうしたの？　ミーティング？　違うよね」

どっかとソファに座ると、堀江はYUKIたちにこう言った。

「よし、じゃあ武道館やるよー」
「えっ!?」
「今なんとおっしゃいました？」
「やるよ、武道館2DAYS」
「えぇ――っ!?」
「できませーん!　絶対できないよ――!!」
「やるよ、全然やれるよ、武道館。っていうか、やるんだから。あんたら、ちゃんと演ってよ」
恩田はニヤニヤしている。喜びを隠さない。
「そうかぁ。うーん、お客さん大丈夫かなぁ、入るかなあ」
TAKUYAも意外に冷静だ。
「2DAYSはどうかね〜。まぁじゃあ、イベンターのホットスタッフさんに頑張っていただいて」
五十嵐とYUKIは、猛反対。ふたりは堀江に訴えた。
「絶対無理だ、しかも2DAYSなんて絶対入らない」
「やめよう、マネジ。ホント無理だよ。やめようよ」
「いいや。絶対にやる」

かくしてアルバム『MIRACLE DIVING』は9月下旬に完成。
その数週間後、JUDY AND MARYは早々と新たにレコーディングをしている。テレビ・アニメ『るろうに剣心』のタイアップが急遽決定し、わずか1週間で曲を上げ、詞を書いた。「そばかす」だ。
（この曲、イケてる!!）
YUKIはそう思った。
けれども、武道館のステージで初めて演奏するこの曲を、観客全員が大合唱してくれるとは、YUKIにはまだ想像もつかない。
武道館のチケットが、ほんの数時間のうちに完売になることも。

日記

1996年1月14日、武道館のチケットは、即日完売する。

〈うっそ、ウチらイケてる⁉〉

YUKIはこの日の日記にそう書いている。

くせのある、かわいい文字。YUKIの書く文字には意志や感情が表れているので、絵を見るときと同じような印象を受けることがある。これまでに2度、日記をなくしてからというもの、YUKIは前よりも熱心に日々の出来事を書き留めるようになっていた。

作詞ノートや手帳、レポート用紙の切れ端に書いた散文やマネージャーから渡されたスケジュール表までちゃんと保管している。

独特の文から、そのときどきの彼女がどんなふうであったかがリアルに伝わってくる。1996年1月18日から4月1日まで、MIRACLE NIGHT DIVINGツアーの間のことも、たとえばこんなふうに。

1月17日　EPIC関係者とごはん。髪の毛、赤にする。

明日は市川だ、ツアーが始まる。

1月18日　興奮して眠れなかった。初日、無事に終わる。車を運転して家まで帰る。いくらとシャケごはん。で、マッサージ。

1月20日　相模大野、すごく面白かった。

たぶんこんな感じでいけるだろう。喉だけちょっと心配だ。

夜はまた家でいくらごはん。

1月21日　『オールナイトニッポン』やって、相模大野のビデオを観た。良かった。ドラクエやって、明日の旅支度。

これから12日も家を留守にするので心配です。植物たち大丈夫かな。

喉がちょっとヤバイです。ま、なんとかなるさ。

１月23日　声をつぶして、ユズに薬を頼む。もう１回分しかない。
あぁ明日もう１日休みなら、たぶん絶対回復するんだろう。
今日は絶対しゃべらないぞ。
１月24日　東京から薬が届く。本番なんとか歌う。
「POWER OF LOVE」の最後、声が出ない。くやしい。
夜、だるまでごはん。マッサージして寝る。無理はしないのだ。
１月25日　八戸。ものすごい客の盛り上がりにびびる。面白かった。
夜は焼き肉。明日は休もう。
１月26日　バスで秋田。大雪のなか移動。シャーデーが心地よい。
ホテルに着いて中華を食べる。『レナードの朝』を観る。
１月28日　カフェでスパゲティ。ファンのコたちに手紙をもらう。
ありがとう。札幌へ移動。夜、かに将軍へ行く。おいしい。
ゲーセン行ってスキーのゲームやる。ドラクエやって寝る。
１月30日　列車に乗って函館に帰る。
お父さんの小学校に行って、サイン会。
１月31日　今日は函館市民。朝市でごはん食べる。
女子高生と写真を撮る。ライブは恥ずかしくてどうしようもない。
夜は友達とたくさん会って、別れ際、悲しくて泣く。
２月１日　雑誌の撮影やって取材。6：10の飛行機で東京へ。
ツアーとりあえず一段落、お疲れさま。12日ぶりの我が家だ。
２月２日　帰ってきたら、ヤナギ来ている。我が家は宿かい。洗濯。
単行本の撮影。『果てたわ』〆切。ボロボロになりながらも書く。
２月３日　喉の病院へ。映画『レオン』を観る。女の子かわいい。
２月７日　10時半に起きて上野動物園へ。パンダを見て最高の気分。
天気はいいし、パンダグッズたくさん買ってごきげん。指輪もゲット。久しぶりに動物をたくさん見る。帰ってきてドマーニでごはん。
２月９日　夕方、代官山でスパゲティ。

部屋のなかがメチャクチャだ。イラストを４枚描く。
２月11日　『カウントダウンＴＶ』やって虎の門でラジオのゲスト。
トクラくんと朝６時まで飲む。
２月13日　大阪、FM802。東京で『オールナイトニッポン』。
２月16日　スキヤキ食べる。ヤナギのオーストラリア戦を観る。
４：１で勝つけど、ヤナギはダメちゃんで残念。
夜はデザートとお茶を飲む。うれしいな、しあわせ。
２月18日　伊勢丹に行ってヴィヴィアン見る。
夜は『オールナイトニッポン』。カレーを作って食べる。
２月21日　松山。ひさしぶりのライブで４人とも緊張しっぱなし。
貴重なライブだったような感じ。夜はバンバンでごはん。
２月22日　熊本へ車で行く。喉が痛くてどうしよう。
つるや、ダイエーへ行く。パルコも行きたかったなあ。
２月23日　熊本市民会館、２時半ロビー集合。ライブは大成功。
すごいうれしかった。お客さん、良かった。
２月24日　『果てたわ』書いて、武道館の衣装どうしようかと話す。
ビョークは喉をつぶして、筆談しなくちゃいけなかったらしい。
けっこうメチャクチャな人だ。そこがとてもいいところだ。
２月25日　bayfmと『オールナイトニッポン』やる。ミカに電話して、パンダの絵を３パターン出してもらって、武道館用のＴシャツ３パターン作ってもらっている。３時には寝る。
２月26日　BEN FOLDS FIVEのライブを観る。明日、福岡へ。
２月28日　福岡サンパレス。うどんを食べる。やっぱり喉がヤバイ状態。大丈夫か？　今日はゆっくり休もう。YUKI、頑張れ。
２月29日　２日目。２DAYSはけっこうきつかったけど、そのおかげでというか、今日は大成功というぐらい声がよく出ている。
夜スキヤキをいっぱい食べて、ホテルのカフェで紅茶とタルト。

３月１日　広島着いて、お茶して焼き肉。ゲーセンで盛り上がる。
マンガを読んでマッサージして眠る。喉の調子はいいみたいです。
３月２日　楽屋にひなあられやおひなさまのケーキが。かわいい。
夜お好み焼きを食べにいく。スタッフ・チームと合流。
３月４日　倉敷だ。12：30に起きてカフェでごはん食べる。入り待ちが多くてびっくりした。思った通りの良いライブ。夜は中華。
３月５日　ハーブティーを飲んで大阪へ。着いて昼寝して、アメ村。サイン握手攻め。たくさんしてから7：00大阪城ホール下見。
３月６日　大阪城ホール。リハをとどこおりなく行って、本番。
感動だ。すごいや。お客が満員で泣いちゃった。
声は大丈夫だし、良かった。夜は日本食を食べる。
３月７日　大阪から新幹線。東京で『オールナイトニッポン』。
お家の片づけをガンガンやる。片づける。片づける。片づける。
３月13日　武道館。生理がくる。チクショウ。
なんか余計なことが多すぎる。マイペースにやらなきゃ。
みんなそっとしておいてくれ。カップラーメン食べて眠る。
３月14日　２日目。本当にうれしかった。最高に楽しかった。
みんなで六本木で飲んだ。５時に帰ってきた。ホント良かった。
３月16日　『Ｍステ』。終わって金萬福の店でごはん。
そのあとすぐに、『オールナイトニッポン』。
大槻ケンヂさんが来て、面白い。声がつらい。
３月18日　新潟テルサ。喉が開かない感じだけど、
力が抜けてて良かったかも。夜《よ》バスで金沢へ移動。すぐに眠る。
３月19日　金沢、ライブはよくできたと思う。夜はスタッフと鴨鍋。
マッサージをして『フォレスト・ガンプ』を観て寝る。
３月20日　移動で名古屋へ。すぐにbayfm録ってプールで泳ぐ。
夜ホテルでフレンチ食べる。

3月21日　名古屋センチュリーホール。ちょっと早めに市内へ行ってHMVと三越に行くけど、見つかりまくって全然ダメ。
ライブは倒れるほど良かった。声は出ません。
東京へ戻って『オールナイトニッポン』。偶然マサムネくんに会ってうれしかった。夜はユズと五右衛門でごはん。
3月23日　今日しゃべったら、絶対に明日、声が出ない。
明日は長崎だ。私は家にいて黙っていよう。
夜、武蔵小山でケイちゃんと焼き鳥。パンダをもらう。
3月24日　長崎。歌っていくうちに、どんどん声が出なくなる。
これはいつぞやのポリープ現象だ。薬がないとヤバイかも。
昨日の夜遊びが原因か……？
3月25日　鹿児島に移動。風邪をひき熱が出る。病院に行って点滴。
3月26日　病院に行く。なんとか回復。ライブは良かった。
声がちょっと出ないけど、すごく楽しくできた。
あと1本で〝ミラクル・ナイト・ダイビング ツアー〟終了である。
3月28日　飛行機で沖縄移動。体調はまあまあだ。
ケイちゃんが来てくれた。一緒に地中海料理。6時まで語る。
3月29日　お疲れさま！
歌はこのツアーいちばん良かったと思った。すごく気持ちよかった。
夜スラムジャム行く。明日はダイビング。
3月30日　ビーチで打ち上げ。
雨降ってるけど、メンバー、スタッフ、みんなダイビング。
きれいな色のお魚、お刺身にしてくれる。魚、食う。
3月31日　飛行機で東京へ。調子悪い。ユズに電話、病院へ行く。
4月1日　今日も入院。食あたりだ。当然だが食欲なし。
5、6日のライブは6月に。ほんとうにごめんなさい。

ツアーの疲れからか、はたまた暴飲暴食のつけがまわってきたのか、食あたりでツアーの幕を閉じるあたりがなんともYUKIらしい。

結局ツアー終了後に予定していた、4月5日日清パワーステーション、6日神戸チキンジョージでのイベント・ライブは、6月に振り替えられることになり、YUKIは休暇をとって旅行へ出かけている。

しかも、食あたりで完全復活していないというのに、行き先はタイ。どうやらYUKIの行動パターンには、法則があるようだ。

決してストイックに過ごせない人であるということ。それから、その日食べたものを必ず日記に書いているあたり、生活におけるプライオリティをどこに置いているかがよくわかる。

誰からも、何からも縛られない自由さと気楽さが、YUKIの毎日からは感じられる。歌うことがYUKIを支えていると改めて気づく。

ツアー中の2月19日、「そばかす」をリリース。ここに載せたほかにも、テレビ番組や雑誌の取材を数多く受けていた。また何度も出てくる『オールナイトニッポン』は、2部から1部へと移ってもいる。

小学校2年生のときにステージに立ったことのある函館市民会館で、大雪のあの夜、YUKIは「BLUE TEARS」の大合唱を聴いた。

アリーナの客席がうんと遠くに見えた大阪城ホール、得体の知れないその距離感に思わず体が震えた。喉が絞まりそうになった。

19都市23公演中、唯一、空席のあった松山市民会館では、空いた席に座るべき人のぶんまで、メンバーもオーディエンスもライブを楽しんだ。(次は絶対にここを満杯にする！)そう心に決めた。

そして、3月13日。会場入りしてすぐに誰もいない客席を歩いた日本武道館。2階席のいちばん上の席に立ってみれば、すぐそこに、ステージがある。初日も2日目も、武道館の客席はびっくりするぐらいYUKIに近かった。

閃きの瞬間

（がーん……。太った）

食べて体力つけてライブをやって、また食べて歌ってまた食べる。

〈お昼、代官山でパスタ。家具を見て、夜ミカとタケと下北〉

〈9時までスタジオ。みんなで焼き肉。4時まで盛り上がる〉

日記を見てもわかるように、最近めっきり自炊をしなくなった。

外食ばっかりだ。

1996年の正月には香港、MIRACLE NIGHT DIVINGツアーが終わってすぐにバンコク、プーケット、ベネチアやミラノへも旅をした。

いろんな所へ出かけ、素敵なもの美しいものを見ておいしいものを食べる。心にも、そして体にも、栄養がついていた。

（やせよう。……ヤバイよ、ゆきお！）

ミネラルウォーター、梅こぶ茶におそば。

夜9時過ぎたら、絶対に食べない。お酒も控えよう。

しかし。本格的にダイエットを開始した数日後、YUKIはインドで本場のカレーを食べていた。

仕事で来たボンベイ、めったに訪れる機会のない土地である。となれば、やはりここで、本場のものを食してみたい。気持ちはわかる。

ボンベイへは「クラシック」のプロモーション・ビデオ撮りでやってきた。スタジオに一歩入れば、ミュータントに扮した現地エキストラが大勢いる、猿もいれば象までスタジオにいる。

（これってなんか、異星でライブをやってるみたいだなぁ）

途中何度もバッテリーが落ちて、そのたび5時間も撮影が中断した。マイケル・ジャクソンも滞在したという豪奢な海辺のホテルの部屋は、湿気がたっぷり。おまけに日本への電話はなかなか通じない。

宗教も文化も習慣も時間の流れも言語も、日本とは社会のシステムがまるごと異なる場所だった。

香港やバンコクやプーケット、ベネチアやミラノともまったく違う。

「搭乗まで時間あるよね。じゃあ、あたし、お茶してるわ」

スタッフやメンバーと別れ、YUKIはムンバイの空港のラウンジで紅茶をオーダーし、ぽっかり時間が空いたときはいつもそうしているように、テーブルの上にノートを広げた。

日記でも書こう、それにしても日本への電話がなかなかつながらないのにはまいったなあ……そんなふうに思っていたときである。

ノートの片隅に、すらすらと文字が書き記されていく。

（出来た！　すごいよ。とってもいい！　これ、大好き！）

わからなくなる時は　助けてね
暗くて狭い所は　苦手なのよ
ダーリンダーリン　青い月を歩く
ダーリンダーリン　赤い欲望　白い想像　柔らかい表情
ダーリンダーリン　歩いて行きましょう
何気ない　気分の中で

好きな人を想う。

ただそれだけのことが、こんなにも心を軽やかにしていく。心に羽が生えたみたいっていうのは、きっとこういうことをいうんだ、とYUKIは思う。

（しあわせの形って、毎日、同じじゃないんだ。自分でも気づかないうちに、ちょっとずつちょっとずつ変わっていくんだね）

YUKIの心のなかにはいつも大切な人がいた。

それが恋なのか愛なのか、それとも友情に近い種類の感情なのかはよくわからなかったけれど、自分のなかにその人が棲《す》んでいることはいつもいつも感じていた。

焦がれるような行き場のない想いだけが膨らんで、胸を痛める。

そんな日もあれば、風の凪《な》いだ夕刻の静かな海のように、くつろいだ心地にさせてくれるときもある。

その人は、いつもそばにいると感じさせてくれる大切な存在だった。

「ラブリーベイベー」の詞の原型が出来たこと、それはこれから始まろうとしているレコーディングの行方を予測するうえで重要な鍵を握っていた。

ムンバイの空港でのこの閃《ひらめ》きは、YUKIのなかの、才能という名前のついた箱をこじ開けるに十分な効力を持っていたのだ。

バンドは大きな波に乗っていた。

『MIRACLE DIVING』はミリオン・セラーを記録、さらには「そばかす」のヒットで、このバンドへの周囲の期待は膨張していた。

ミリオンからダブル・ミリオンへ——少なくともスタッフには、JUDY AND MARYの時代を築くための軌道が見えていたはずだ。

寄せられる期待が、プレッシャーになるバンドではない。

そもそもギャラリーがいたほうがレコーディングは盛り上がるという連中なのである。それに加えて彼女たちは逆境にも強い。自らを追い込んで、追い込まれたところで実力以上の力を発揮するという場面なら、自分たち自身でこれまでに幾度となく経験している。

YUKIのなかではネガティブなスイッチがまったく遮断されていた。

（誰にも文句を言わせない、いい歌をうたえるようになってきた！）

「そばかす」のレコーディングから思うように歌がうたえるようになったこと、そして武道館をやりとげた事実が彼女の自信になっていた。

揺るぎないその自信が、YUKIに『THE POWER SOURCE』の歌をうたわせたと言ってもいいだろう。

アルバムのコンセプトからすべて任せてもらいたいと、TAKUYAがトータル・イメージから選曲まで提案してきたとき、YUKIはこのアルバムでの自分のキーワードを彼に伝えている。

「あたし、今回はとにかく踊りたいんだ」

MIRACLE NIGHT DIVINGツアーが終了してからというもの、YUKIは無性に、踊りたい！　もっと踊れるようなヤツを作りたいと思っていた。好きな音楽をかけていつも家で踊っている。踊るのは大好きだ。けれども、自然に体が揺れる音楽が、少しずつ変わってきている。

大好きなアルバム『ORANGE SUNSHINE』にはなかったリズムが『MIRACLE DIVING』にはあった。レコーディング中、気づかなかったそのことを、ツアーで歌っている間に彼女の体が感知していた。

YUKIの意見に、TAKUYAも賛成だった。

次々に上がってくるTAKUYAや恩田の曲に、YUKIの言葉は不思議なほどぴたりと合致した。デモ・テープを受け取り、軽く主旋律をなぞっているうちに、言葉は次々にYUKIのくちびるからこぼれていく。

息を吸い、吐く。呼吸するのと同じように、メロディが体の内に入るとそこに言葉がのり、歌がこぼれていく。

思考するよりも先に、YUKIは言葉を歌っていた。

絶対にいいものが出来る——その感触を胸に、YUKIは10月29日から1ヵ月、マスター・エンジニアであるマイケル・ツィマリングの待つロンドンへと渡る。

CHISWICKと書いてチズウィックと読む。ヒースロー空港から車で20分ほど走った所に彼女たちが滞在するホテルがあった。

アットホームな雰囲気のホテルであること、キッチンのあるコテージ・タイプの部屋を使用できること、それにリビングの窓から見える庭園の緑がYUKIにはうれしかった。すぐに気に入った。

ホテルから通りを渡った所には、メトロポリス・スタジオ。

かつて発電所だったことからパワー・スタジオと呼ばれているこのスタジオには、コンソール・ルームとブースがあるフロアの上に、広いウェイティング・ルームが設置してあり、YUKIはそこで詞を詰めたり、イラストやエッセイを書いた。

窓辺に置かれたガラスの丸テーブルには、ニーチェの詩集から村上春樹の小説までが山積みになり、パステルやサインペン、絵の具にクロッキー帳、チョコやクッキーやぬいぐるみが置かれ、いつしかYUKI専用のスペースとなった。

国内でのプリプロダクションで片づかなかった作業を、10月31日から3日間行い、11月4日からYUKIたちはメトロポリス・スタジオでのレコーディングに突入した。

10月31日　朝早く起きすぎ。まだちょっと時差ボケかな。
ハロウィンなのでかぼちゃを買う。ミッキーがナイフを貸してくれたので作る。ひとりでだよ!!　すごい、私って器用だったのね。
ハロウィンは大人の夜らしいぞ！　パーティらしいぞー。
でもちょっと喉の調子が悪いんだ。大丈夫かなぁ。
タバコを控えます。8：00ぐらいまでリハーサル頑張る。
11月3日　文化の日ですな。日本は振り替え休日で明日も休みらしい。午前中はずーっとごろごろして、3時にカムデンへ。
ポートベローに行きたかったが日曜日はやってないんだ。トホホ。
着いてすぐにFish&Chips、こんなに食ってりゃでかくなるさねぇ。
サングラスをふたつ買う。ふたつで20ポンドだった。安いぞっ！
夜はギター生演奏のある不思議なイタリアンへ。

明日からメトロポリスStで本格的にレコーディングだ。頑張るぞ!!
11月８日　２：00スタジオ入り。アクリルの絵の具を試してみる。
単行本用の友人たちの似顔絵を描く。一人ひとりの顔を思い出して
描いてたら、会いたくなっちゃった。
みんな元気でやってるかのー。『果てたわ』も同時進行させてます。
歌詞もね。頭のなか、すごいスクランブルしてるけど楽しい。
「BIRTHDAY SONG」「The Great Escape」を録ります。
２曲ともおそろしい速さでリズム録りを終えてしまう。グレイト!!
エクセレント!!　って感じで、全員で夕食をとりにいこうっ！
ということになりINDIAを食べにいく。スタッフ、メンバー全員で
eat outするのは初めて。なんか盛り上がってしまった。
夜のCHISWICKを歩く私たちは、5㎝浮いてたよ。
スタジオに戻ってベースをちょい入れ直して、OKだす。
ロンドンに来て１週間ちょっと。ここはとても心地よい所。
言葉の壁はそりゃあ多少あるけれど、言葉じゃなく人を見る所。
それがなんとなくわかってきたような気がする。
11月12日　今日は「風に吹かれて」です。
佐久間さんが来る前に練習。とてもいい声だ！
なによー、いーよー、マイケル、きみは天才だっ!!
声の感じも決まったところで佐久間さん登場。「うん、いいね！」と
みんなで言ってる間にちょこちょこやって終わる。Yeah！　Great!!
マイケルもいいねと言ってくれた。うれしかったわ。
YUKIは次の詞にとりかかる。「HEAVEN(「LOVER SOUL」)」だ。
廊下に出て階段に座って集中する。そうしたらとても良くなった。
After Dinnerに「The Great Escape」を歌って、
２回でOKテイクを録る。すごいっ！　今日は２曲も歌入れしたので
「よし、もう１曲！」と「HEAVEN」をやろうとして失敗した。

えへへ。3曲は無理なのだよ、ちみ。今日は終わらせて明日歌おう。

11月17日　OFF。一日中のんびりすることに決める。外は大雨だ。どこへ行こうとも思わない。夕方ぐらいまでお風呂に入ったりTVを観たり洋服の整理をしたりする。LONDONはもうかなり寒い。

しばらく歩くことにする。CHISWICK HIGH ROADはとても長い。ずっと歩くと公園があった。本屋さんに行ってお花を買って少しのパンと食料を買って部屋に戻る。TVを観てごはんを食べて、昨日までのJ・A・Mの曲を聴きながら、アルバム・タイトルを考えている。

これでダメだったらあたしのセンスがダメってことだ。ものすごい力でやったものは、絶対にものすごく伝わるんだ——と、YUKIは日記に残している。帰国後、待ちかまえていた数えきれないほどのインタビューでも、彼女ははっきりとそう語っていた。

かつてあれほどつらいなあと感じていたインタビューにも、テレビやラジオで歌ったり話したりすることにも、YUKIはもう戸惑いを感じていない。今の彼女は、むしろそれを楽しんでいる。

暮れの『紅白歌合戦』や年末年始のスペシャル番組への出演に始まり、1996年の年末から1997年早春にかけてJUDY AND MARYはさまざまなメディアに取り上げられていく。

「くじら12号」がブラウン管から流れ、街には『THE POWER SOURCE』のリリースを知らせる巨大な看板が置かれ、JUDY AND MARYはいくつもの雑誌のカバーを飾った。

気がつけば、YUKIたちは、ブームのなかにいた。

アクエリアスの幸運

「YUKI、知ってる？　今年はウチら水瓶座ってすごくいい年なんだよ」
「え？　ルミ、それってなんなの？」
「今年の水瓶座はね、12年に一度の大幸運期なんだって」
　ルミの話に、ケイちゃんの目も輝いている。
「じゃあ、ウチら３人とも最高の年ってわけ⁉　マジですかー？」
　YUKIはわけもなく心が弾んだ。
　アルバムの評判がとっても良い。もうすぐ始まるツアーも、リハーサルの感触からしてむちゃむちゃカッコイイものになりそうだ。
　ダイエットにも成功した。というより、ロンドンから帰ってきてからというもの、あまりの忙しさに食べても食べてもやせていく。
（けど、おっぱいまでだんだんちっちゃくなっていってる気がするのは、あたしの気のせい……？）
　悩みといえばそのくらいのもので、YUKIは眠るのも惜しいくらい、毎日が楽しかった。
　今年のバースデーは、同じ水瓶座のルミとケイちゃんと３人合同でパーティをやることになった。仲間のひとり、トモコがパーティを仕切ってくれるという。それぞれのボーイフレンド同士も仲良し、共通の友達もたくさんいる。
　25才のバースデー・パーティ。場所は、行きつけのイタリアン・レストラン。みんなで食べて飲んで今日は騒ぐぞ！　と思いながら通い慣れた店内に入ると、どうも様子が違う。ゴージャスなのだ。
「えー！　トモコ、これ、どうしたの？」
「ビンゴだよ、ビンゴ。一式借りてきたよ。景品もばっちり用意したからね」

ゲーム・ソフトに雑貨、かわいい小物たち、といった小ぶりなものだけならご愛敬だが、ちょっとした家電から自転車まで用意してある。

「どーしたの、これ。大丈夫なの？　ねえ？」

心配そうなYUKIをよそに、トモコたちは賑々《にぎにぎ》しくワイン・グラスを手に取ると、乾杯の場を作る。

「YUKI、ルミ、ケイちゃん、お誕生日おめでとう！」

「おめでとう！」

花束を持って来てくれたマネージャーの抽上が、トモコと一緒にビンゴ大会を取り仕切り、豪華景品に仲間はみんな沸きに沸いた。

たくさん笑ってたくさんしゃべった。ルビーの色をしたおいしいワインをたくさん飲んだ。けれども、パスタやラザニア、手の込んだサラダや焼きたてのピザは、さっきから少しも口にしていない。

YUKIは胸がいっぱいだった。

（いい誕生日だなあ……。こんな誕生日、きっともうないかもなぁ）

消えていくものに愛しさを感じてしまうのは、YUKIの悪い癖だ。

どうもいつも異常なまでにそこに執着してしまう。そのあまり、自分で自分の勢いを消してしまうことさえある。消えていくものの儚《はかな》さに心をとらわれ、思い出として完結させることがなかなかできないのだ。

『THE POWER SOURCE』を作り始めたころから、冴えに冴えているとYUKIは自分でも思っていた。

こんなにフル回転に閃《ひらめ》いちゃって、調子が良くて、あたしは本当にいいんだろうかと、あのころから心のどこかで思っていたのだ。

でもだからこそ、絶好調の自分、色鮮やかに過ぎていく日々の細かなことたちを、YUKIは忘れない。思い出を化石にはしない。

（この気持ち、絶対に忘れない）

気持ちを大事にしたい、YUKIはそう思っていた。

ツアーの合い間につけたある日の日記にはこんなことを残している。

目が冴えてしまって眠れない。
この感覚は、良いときなので大切にします。
何か起きたときでも、起きないときでも、こうして字を書きたくなるときが無性にあります。これは才能だと思います。
心と頭のなかの考えをまとめるのはつらいので、同時には出てこず、途中ちょっと間違って、違う方向に向かってしまいますが、
でも書いていると落ち着きます。不思議だ。

25才の誕生日から10日後、POWER SAUCE DELIVERYツアーはスタートした。名古屋センチュリーホール、大阪城ホール、そして初めての代々木競技場第一体育館を含む全国25都市36公演。
古くからのファンの人たちも、初めてライブを観る新たなファンも、JUDY AND MARYのライブを待望していた。こんなにも待たれていたのかと客席の空気から感じて、オープニングで「BIRTHDAY SONG」を歌うとき、YUKIはいつも泣きそうになった。
チケットはすべてソールド・アウト。
アルバムは発売後すぐにダブル・ミリオンを記録した。
しかしそれと同時に、悲しい出来事もあった。
写真誌に狙われ、週刊誌のネタにされる。成功についてまわるよくある話と言ってしまえばそれまでだが、YUKIは心ない記事が掲載されることよりも、その背景に胸を痛めた。
〈八方美人〉〈ずるがしこいコ〉——『同級生語る、YUKIの素顔』
記事の内容は（なんだ、それ？）という感じでしかない。身に覚えのないことがデフォルメされ、もっともらしく構成されている。
YUKIは、かつて同じ町に住み同じ学校に通っていた、名前も顔もよく知っている人間が、こんなふうに人のネタや写真を売ってしまうのかと思うと、悲しくてたまらなかったのだ。

「八方美人でずるがしこい？　べつにいいじゃない」
「あなたの魅力は変わらないんだ。つまらないのは、そんなことを言う人のほうだと思うよ」
まだツアーの途中だというのにふさぎ込んでしまいそうになったとき、そう言って励ましてくれた大切な人がYUKIにはいる。近郊でライブをやるたび、歓声をあげてYUKIの姿を見守っていてくれた仲間がいる。
ツアー・ファイナル、代々木競技場のアンコールのステージでは最後の曲を演り終わったあと、誰からともなく近寄って、メンバー4人、ステージの上で抱き合った。この4人がそろって4年と数ヵ月、デビューして3年半。YUKIはたとえようのない達成感を感じていた。

アクエリアスにとって、今年は12年に一度の大幸運期――その波にのって、ツアー終了後、YUKIはひとりでロンドンへ行く。
1ヵ月、集中して英語を身につけるためだ。
とはいえ、初めての海外ひとり旅。ホテルがリザーブされていなかったりトランクの鍵をなくしたりと、始まりから前途多難な旅だった。
クイーンズ・イングリッシュを話すジョーイにみっちり鍛えられた。買い物をしたりライブを観たり、リージェンツ・パークでワインを飲んだり。スペインへも遊びに行った。ずっと一緒、会話は英語のみ。
疲れてしゃべりたくなくなって泣きそうで、すごく困って無口になったこともある。そんなときに届いていたミカからのFAXレターがうれしくてうれしくて、それを胸に頑張った。
「いつかJUDY AND MARYで英語の楽曲を作りたいね」
このひとり旅、そもそもの始まりはYUKIとスタッフとのこんなやりとりから決まった。それがまさか27才を迎える年に、あんなプロジェクトに参加することになるとは……。YUKIもスタッフも、夢にも思っていなかった。

「あたしの声」

「左側のポリープが大きくなっています。どうしますか。取りますか」
「……あの、やっぱり取ったほうがいいんでしょうか？」
「そうですね。そうできるのであれば、そのほうがいいでしょう」
　YUKIは記憶をたどった。
　いったいいつから、この病院へ通うようになったのだろう、と。
『ORANGE SUNSHINE』を作っていたころだから、もうかれこれ3年以上、お世話になっているのかもしれない。
　ずっとこいつに悩まされてきた。切ってすっきり治せるのなら、それもいいかもしれない。しかし、ポリープとうまく付き合っている人も大勢いると聞いている。切るべきか、それとも、これまでよりもっと上手にこいつと共存できる方法を考えるべきか。
「取ります。取ってください。よろしくお願いします」

　1997年9月7日、夏のスタジアム・ツアーのファイナルとなった甲子園球場のステージで、YUKIは初めて喉に異変を感じた。
　ある瞬間、プチッと何かから遮断されたような気がして、そこからあとは声が枯れて、どんどん出なくなっていく。
　自分にしかわからない、微妙な変化だった。
　ライブは無事に終わり、アンコールでは自分でもグッとくるような「LOVER SOUL」を歌えた。だが、ステージを降りると肩が痛かった。
　今日はもう声の限界だ。でも明日から少し休めば大丈夫。シングルのレコーディングまでには十分、復活する——YUKIはそう思っていた。
（悲しいのかうれしいのかよくわからない。さようなら！　私の夏）
　東京に戻ったら、部屋を探して引っ越しもしたい。桜の樹の見える今の家は、この２年の間に購入した家具や洋服ですっかり手狭になっていた。それに、ここのところ、わけもなく気分が揺れがちだ。

　不要なものは処分して、すっきりしたい。そうすれば少しは気持ちも落ち着くだろう……。しかし、喉はいっこうに回復しなかった。

（喉の回復が遅い。おかしい。お腹が痛い。あたしが揺れている）

　10月、シングル「散歩道」「ステキなうた」のボーカル・ダビングを終えたところで、YUKIは声をつぶしてしまう。喉の左側の痛みは、もはや治まりそうになかった。10月18日、ポリープの切除を決める。そして、なにもこんなときにという感じだが、大慌てで部屋を探し引っ越しの段取りをつけて、11月11日、入院。YUKIは翌日、手術を受けた。

（喉が渇く。何か飲みたい。食べれるようになったら、何を食べようかな。いっぱい食べたいなぁ）

　心電図をとって朝から点滴ばかりである。手術は無事に終わった。声はもちろん出せない。水も飲めない。お腹が空いても、何も食べられないのがことさらつらい。体の不自由を覚えて初めて、点滴や注射をしなくても済む体を大事にしなくてはということに、人は気づく。

　声は出せないから、すべて文字ボードか筆談だった。それなのに。

「磯谷さん、この点滴が終わったらナース・コールしてくださいね」

「はぁい」

（はっ!!!　しまった!　しゃべっちゃったよ!!?）

「磯谷さん。ダメですよ。気をつけてください」

（……だったら話しかけずに文字ボード使ってくれよぉ。あたしも気が抜けてたからだ。失敗だ。これでダメになったら、どうしよう？）

　友達はみんな気を遣って、ファックスで見舞ってくれる。病院まで会いにきても、聴きたかったCDや手紙を置いていってくれる。

　YUKIはポリープの手術をすることを、なるべく軽く考えようとしていた。過度にナーバスになったりしたくなかった。
「まだ水分は取れません」
「固形の食べ物はしばらく無理です」
「声を出しちゃいけません」
ストレスは溜まったが、音楽の素晴らしさに気づけた。エルヴィス・コステロやボブ・マーリィ、今までちゃんと聴いたことのなかったビートルズのCDを聴いていると、どんどん音楽が体に入ってくる。
（なんだろう……この感覚。久しぶりだ。音楽聴いて泣ける）
お気に入りだったのは、そのころ出たジャネット・ジャクソンの『THE VELVET ROPE』。ずっと聴いていて、少しだけなら小さく声を出してもいいですよと言われたころ、思わず口ずさんでしまった。
（あ。しまった。歌っちゃった。……でも、声を出すのって楽しいなぁ。ジャネットと一緒に歌っちゃった！）

11月23日　JIROちゃん、TAKUROくん、オダⒼが来てくれる。
外出許可を取って、ごはんを外に出て食べる。
ありがとう。うれしい。
喉を大事にしなくちゃ。
もうヤケになって歌ったりしないようにしよう。
絶対にこの声を守ろう。これが最後のチャンスだ。

退院してリハビリをして、新しい歌をうたう日が楽しみになった。
「レコーディングを先に延ばす？　いや、予定通りにやろうよ」
声帯にメスを入れる、そのことの重大さを、あえて深く考えないようにしていたのかもしれない。予定通り、年明けすぐにロンドン・レコーディングを始めると決めている。退院から１ヵ月半と空いてはいない。それがどんなに無謀なことか、YUKIはまだ気づいていない。

兆し

夕暮れの近づいたシャンゼリゼ通りの街並みに、クリスマス・イルミネーションがいっせいに浮かび上がる。

（きれい。観覧車だ）

石造りのお城みたいな古い建物も高級ブティックのショーウィンドウも観覧車も、ひとつの景色のなかでしっくり馴染《なじ》み合っている。

はらはらと雪が降ってきて、目に映るものすべてが、映画のようだ。

「メリー・クリスマス」

カフェの店員が、そう声をかけてくれる。

「メリー・クリスマス」

YUKIはパリにいた。クリスマスと新年は、彼と一緒に休暇を過ごす。少しでも時差ボケを治してロンドンへ入ったほうがいいのでは？ そう提案してくれたのも彼だった。クリスマスはパリで、新年はニースで。そしてカウント・ダウンはモナコで過ごそうと計画していた。

ニースまでの飛行機のなかで、ノートを広げ、1997年を振り返る。

ナイス、ニース！　来年は寅年です。
今年はすごく充実してて早かった。
１月パリ行って、ベニス。3月『THE POWER SOURCE』が出て、
急にやせる。誕生会やって25才になる。
アルバムはメチャ売れ、200万枚いっちゃう。ビックリ。
ツアーに出る。５月代々木。６月にロンドンへ１ヵ月。
７月と８月スタジアムやる。秋は……秋は何してたっけ？
「LOVER SOUL」が出て、テレビ出たっけ。それから手術をする。
たくさんたくさん、いろんな人と会う。

退院してもうすっかり12月だ。
日本に帰ったら26才になるなあ。
1997年最後に、私は何を見るんだろう。

着いてすぐ外でランチ。市場の果物売り。サンセット・ビーチを歩いて、バーでキールロワイヤル。隣の席に、泣いている女とそれを慰める男。崖の上のレストラン、パラグライダー、タクシーでモナコまで。公国には毛皮のおばさまとおじさま、シャネルにセリーヌ。ディオールのピンクの毛皮、プラダのピンヒールがやばいくらいかわいい。
ばっちり正装して、年越しをモナコのカジノで。イタリア語と英語とフランス語の入り交じったカウント・ダウン、あまりにいろんな言語が飛び交って、わけのわからないうちに、1998年はやってきた。
「ハッピー・ニュー・イヤー」
シャンパンを開けてそこらじゅうの人と乾杯して、彼と抱き合う。
（あたし、今、どんな顔をしてたのかな……？）
YUKIは、なぜか、とても泣きそうだった。何もかもが現実離れしたゴージャスな世界のなかで、YUKIの気持ちだけが寂しく揺れている。
（彼でなきゃダメなのに。……あたし、どうするつもりなんだろう）
兄妹のような、同志のようなふたり。一途なところもよく似ていた。しかし、悲しい予感だけがつきまとっている。この旅の間も、ずっと。
「ラッキー・ガール！」
カジノでジャックポットを出して、なんと60万、勝つ。サインをして、その場でキャッシュで受け取る。
1998年が始まってまだ1時間と経ってはいない。これは例の水瓶座にとって12年に一度の大幸運期の余波だろうか……？
いずれにせよ、少し調子が良すぎたのかもしれない。
YUKIがそのことに気づくまで、もう時間はかからなかった。

孤独のファイター

一昨年の『THE POWER SOURCE』に続く、JUDY AND MARY 2度目のロンドン・レコーディング。

〈1月3日　これから寒いロンドンだ〉

YUKIの1998年の日記は、そう始まっていた。

1月9日　ずっと最低だ。なんでこうなんだろう？
歌詞もダメなら歌もダメ、良いことなしである。本当に良くない。
こんなことってあるんだ。とにかく歌詞がまったくといっていいほど出来ない。こんなときはどうしよう？　今日マネジたちが来る。
なんかダメだ。誰か助けてください。胃がとても痛い。
1月10日　ケンタッキーを買ってひとりで歩く。
テムズ川のほとりをずっと歩いて歩いて、ひとりでパブに入る。
レコーディングを終えて、2月に日本に帰る日が楽しみだ。
そのときまでにステキな歌詞を頑張って書かなきゃ。頑張れ自分！
いつもちゃんとできてたじゃん。やればできるよ。
1月12日　今日は「手紙をかくよ」が出来た。すごい好きだ。
良かった。長い長いロンドン。村上春樹の『世界の終わりとハードボイルド・ワンダーランド』を読む。女の人の感じがいいなあ。
すごく面白かった。まぁ、スランプ脱出。おめでとう自分！
1月17日　それにしてもここはなんてつまんない国なんだ。
ミカと長電話をした。何もできない。生まれないものは生まれない。
待ってなくちゃダメだ。TOKYO FMの収録でロンドン・ズーへ。
1月18日　「手紙をかくよ」の歌入れ。この無気力はなんだろう。
つらい。どうしていいかわからない。笑える日が想像もつかない。

日本から離れてちょうど１ヵ月、すごく長く感じる。
１月19日　この暗闇から出られない。絶望的だ。
何もしたくないし何も生まれない。どこも行きたくないしどこにも
行かない。スタジオの部屋で死んでいる。かなりヤバイ。
どうしたらいいんだろ、どうなっちゃうのかなあ。
この曇り空の心がパーッと晴れる日が来るのかなぁ。
１月20日　試してみたい、29日の日に帰れるのなら帰ろう。
歌いたくない歌いたくない歌いたくない。
あんなに歌いたかったのに、全然歌いたくない。
１月21日　何をしたいの？　何もしたくないのかな。
「ライブ観に行く？」「クラブ行こうよ」、みんな誘ってくれる。
行きたくない。私の欲望ってなんだろう。何もない。
日本のデパートに行きたい。ネイル・サロンに行きたい。
爪がボロボロでムカツク。
１月22日　昨日ユズに話をした。29日に一度日本へ帰ることが決定。
あと１週間。そうでもしないとまったく出来ないのである。
何も手に付かない。私の顔、酷い。体もボロボロだ。
帰ろう。そして帰ってから復活するんだ。
１月23日　ヤバイっすね。なんか悪いほうに行ってますねぇ。
こういうのはいっぺんにやってくるものなんだなあ。
ずーっとこんなわけはないと思うけど、大きな選択のときなのかも
なぁとも思う。取り巻くすべてが大きすぎて、こんなのは説明でき
ないし相談しようにもうまく言えない。これはなんだ？
……私はどうしたらいいのかな……。

１月29日から３日間、YUKIは東京へ戻る。
成田へ到着して、すぐに友達に電話。

家に荷物だけを置くと、すぐに食事に出かける。

帰国したその日も、翌日もその次の日も、眠ることさえ忘れて、友達に会う。話して話して、泣く。でも、だから笑える。

このときはYUKIだけでなく、恩田快人も一時、帰国していた。

バンドとは不思議なもので、不調な人間がいればそうでない者もいる。このレコーディングの間YUKIと対極だったのは、五十嵐公太。YUKIがあんなに快調だった『THE POWER SOURCE』では逆に五十嵐はイメージしている音を叩けなかったと、すぐにジムへ通い始め体を作り、1年かけて今回のレコーディングの準備をしていた。

なかなか自分を取り戻せないYUKIのことを五十嵐も心配していた。

「YUKI、上がったテープを聴いて、昨日ホテルで泣いたよ。いい詞だ。バッチリ。歌もいい。これで魂が入った」

それがこのレコーディングで最初に出来た「手紙をかくよ」だった。今回のロンドン・レコーディングでは、なぜだかみんな、センチメンタルな気分になっていた。「手紙をかくよ」を聴いて泣けてきたのは、五十嵐だけではなかったようだ。

「YUKIが歌うと、魂が入る」

この歌入れを終えたあと、TAKUYAもそう言ってくれた。これまで幾度となく耳にしていたその言葉が、このときほどうれしく感じられたことはなかった。

そしてメンバー、スタッフもまた、「手紙をかくよ」の完成に、ほっと胸を撫で下ろしていた。大丈夫、YUKIは最後までいける、と。

しかし、それは、束の間の安堵にすぎなかった。

2月8日　2回目のロンドン。プラダで坂井真紀ちゃんと出会う。

イタリアンを食べて、日曜日に飲茶をしにいく約束。

不思議なこともあるものだ。ロンドンだからできたことなのでしょう。

かわいい人だよなぁ、真紀ちゃん。

なんか寂しい。私、友達っていなかったっけ。

この思いはどこにいけばいいのかなあ。

なんでこんなに寂しいんだろ。喪失感、誰ともつながってない感じ。

ひとりぼっち。泣きたいけど涙も出ないし寝れないし楽しくない。

何もできない。誰か笑わせてくれ。私を。

２月９日　この孤独感はどこからくるんだろう。

歌もうたいたくないし、言葉を口に出すとどんどん離れていく。

文字でももどかしいし、どう伝えたらいいかわからない。迷ってる。

もうダメなんだ。苦しいときは苦しいことを歌えばいいのか？

無理をしないでいいのか……？

私は決定的な道筋を誤ったような気がする。

二度と戻れない日々を懐かしんでばっかりで何もできない。

自動的に動くこの腕も自分のものじゃないみたい。

2月17日　26才。

楽しい一年を、新しい私との共同生活を心に決め、過ごすのだ。

いろんなことをせき止めることはできないとYUKIは思っていた。

思うように歌えなくて、苛立つ。

詞が出来なくて焦り、やり場のない思いだけが溜まっていく。

『THE POWER SOURCE』の歌詞を読み返すたびに、こういう詞はもう二度と自分には書けないと、やりきれない思いになる。気力が消えていく。何もかもを、悲観するようになる。

絡み合った失望と焦燥感とは、やがてやりきれない孤独を心のなかにうえつけていった。

これは無謀な道を選んでしまったと、ロンドンに入ってすぐに、YUKIもメンバーもスタッフも気づいていた。

昨年の11月に手術をして1ヵ月半しか経っていないこと、十分なボイス・トレーニングを積まずに日本を離れたこと。それに、バンドはレコーディングのやり方そのものも変えていた。

いつもなら全員でスタジオに入り、入念なプリプロダクションを行ってレコーディングへ移行するところだが、今回は出来た曲をすぐスタジオで仕上げていく。

新しい曲はすべて、TAKUYAがロンドンへ入ってから書いている。

上がった曲をスタジオでセッションしながら作り上げていく、そういったライブなやり方のほうが、YUKIの喉もこなれるのではないかという読みも含まれていた。が、残念ながら、それは誤算に終わった。

YUKIはそのやり方に馴染《なじ》めなかった。

あろうことか、上がった曲をなかなか好きになれない自分がいた。

これまでのように、思うように歌えないから曲が内に入ってこない、曲が入ってこないから、言葉も出てこない。言葉が出てこないから、曲を好きになれない。歌をうたおうという気力が萎《な》えていく。

もはや何が原因なのか、彼女にはわからなくなっていた。

再びロンドンへ戻ってきたというのに、一度喪失した自信はなかなか取り戻すことができない。

（やっぱり延ばすしかない。時間が流れるのを待とう。もうちょっと待てば、たぶんまた、いつものあたしのあの感じになれるのかもしれない）

しかし、待ってはくれないものが現実にはある。

「YUKIちゃん、頑張ってこれだけ録りましょう」

ディレクターの土蔵とマネージャーの柚上は、ロンドンに戻ってきたYUKIを、時間をかけてとくとくと説得した。シングルを録らなくては、レコーディングの期日はもうとっくに過ぎている。ビデオ撮りもロンドンで行う。手はずはすべて整っていた。ここでやらなくてはりリースに間に合わないというところまで事態は切迫していた。
「わかった。でも、ごめん。あたし、あとは全部日本に帰ってやりたい。シングルだけ、ここでちゃんと頑張るから」
曲はTAKUYAから聴かされていた。
ドュビドュビバッパ　ドュビドュバッパッパ——こんな曲だったら、YUKI、歌いたいんじゃない？　そう言ってTAKUYAがギターを弾いてメロディを歌って聴かせてくれたとき、YUKIは確かに衝動を覚えた。
音楽をやりたいという欲求が静かに湧き上がってくる。
ウェイティング・ルームのソファに身を沈めて、何度も何度も、頭のなかでメロディをなぞった。
「とっても頑丈で、戦闘するときに使うもので、プロテクトするものってなんて言うんだっけ？」
そばで機材のチェックをしていたテクニカル・スタッフのタロウとテルが、ああ、それなら、とYUKIに教えてくれる。
「フルメタル・ジャケットじゃないすか？」
「あ、そっか。そうだね。メタルジャケットだ！」

あたしのモンスター　飛びだしておいで
キャンディスピーカー　体につめこんで
メタルジャケットよりも　強い声で
歌いながら　とびのれ

自分で自分に喝を入れるとは、こういうことをいうのだろう。
〈メタルジャケットよりも　強い声で〉という言葉に、YUKIは自分の願いを込めた。
歌うことは、絶対に自分のライフ・ワークなんだという思いだけが、YUKIに「ミュージック ファイター」の歌詞を書かせていた。

光を求めて

東京へ戻ってからすぐに、資生堂のコマーシャル撮り、ディズニーランドのポスターのイラスト描き。レコーディングが逼迫《ひっぱく》している最中にも、YUKIはそういった仕事を並行して行っていた。

バンドは「ミュージック ファイター」のプロモーションでテレビ番組にも出演している。

そんなある日、マネージャーの柚上が段ボール箱をいくつも抱えて、YUKIの部屋まで運んできた。

「えっ。ユズ、こんなにたくさんあったの？」

「誕生日プレゼントも全部まとめて入れておきましたから」

なかにはファンからの手紙やプレゼントがいっぱい入っている。

みんな喉の手術のことを心配してくれていた。詩を綴ってくれている手紙もあった。JUDY AND MARYのどこが好きかを、便せん何枚もにわたって事細かに丁寧な文字で記している手紙があれば、学校生活や友達や好きな人のことを書いたかわいい内容のものもたくさんあった。

かつての自分を見ているような、けなげな内容の便りを読んでいると、自然と頬がほころんでいく。何より、早々と「ミュージック ファイター」を耳にした感想を伝える手紙にYUKIは励まされた。

いろんな色のペンで、さまざまな文字で書いてある、数えきれないほどの「誕生日おめでとう！」——その一つひとつを目にするうちに、YUKIはたとえようのない力を帯びていくのが自分でもわかった。

この数ヵ月、1グラムも持てなかった勇気が湧いてくる。

誰もがそうであるように、YUKIもまた完璧ではない。

春がやってきた今になってもまだ、ロンドンで感じたあの喪失感に彼女はとらわれている。自分でも恐ろしいほど、酷い顔をしていることがきっとある、とYUKIは思っていた。誰にも見せられないほど無気力な顔をした自分が、この冬、確かにいたのだ。
（そんなことも何もかもが、くるくる一巡して歌になっていく。そんなあたしの歌を待ってくれる人がいる。そんなあたしの歌で、生きる勇気を持ってくれる人がいるなんて。……なんだか不思議だ）
3月、東京へ戻ったYUKIは、スタジオ・ワークよりもボイス・トレーニングを集中して行っている。レコーディングのスケジュールは押しに押していたが、周囲はYUKIの回復を静かに見守った。「BATHROOM」は『MIRACLE DIVING』のころからあった作品で、すでにレコーディングは終わっていた。「LOVER SOUL」もシングル・バージョンでいく。「散歩道」「ステキなうた」は喉の手術をする前にレコーディングしたテイクを収録することに決まっていた。
4月に入り、「ジーザス！ ジーザス！」「ランチ イン サバンナ」「ナチュラル ビュウティ'98」「グッバイ」と2週間の間に4つの詞をまとめ上げ、ボーカル・ダビングも進んだ。
「ミュージック ファイター」「手紙をかくよ」はすでにロンドンで仕上げている。
残るはただひとつ「イロトリドリ ノ セカイ」だけだ。
もともとこの曲は、TAKUYAが自分で歌うために書いていた作品で、それをJUDY AND MARYで歌ってみたいと提案したのはほかの誰でもない、YUKIだった。しかし詞が出来ない。何度か書き上げたものの、ロンドンでのあの暗く寂しい自分の心情を吐露している内容に過ぎないと、YUKIは自分でも感じていた。
東京に戻り、これでどうだろうとYUKIがようやく書き上げた詞を前に、メンバーは厳しかった。
「YUKI、ダメだよ。この詞じゃあ、レコーディングできない」
「少なくとも俺は、YUKIがここに書いているような気持ちで叩いてないよ」
　TAKUYAだけでなく、作詞には口を出さない五十嵐までが、首を傾げる。OKは出ない。
（どうしてダメなんだろう。ロンドンで書いていたものに比べれば、もう全然いいのに。っていうか、あたし、この詞、好きなのに）
　漆黒の迷いの淵から、YUKIはまだ抜け出せていなかったのだろう。
　ホテルに缶詰めになり、TAKUYAが一字一句、細かくアドバイスしてくれるものの、YUKIには彼の言っていることが難しくてよくわからない。TAKUYAの選ぶ言葉は、YUKIのそれとはまったく違う世界に存在するもののように思えてならなかった。
　希望のかけらを求めて、腕を差し出す。光のないこの世界から抜け出したい……。
〈アイニ　ツマヅイテ　ダイタ〉、歌の冒頭にあるこの一節だけが、原案から残った。いや、残した。
「これだけは、歌いたい」
　YUKIは最後まで、押した。
　ただし、それ以外はすべて、TAKUYAに委ねた。
「イロトリドリ　ノ　セカイ」は、TAKUYAが書いていた詞でレコーディングすることになった。

「乾杯！」
　シャンパンを開けて、みんなでグラスを合わせる。
　4月18日、目黒にあるドッグハウススタジオでミックスが終了した。このまま、一生終わらないかもしれないと思った長い長いレコーディングが終わった。YUKIは、ただ、安堵した。
〈今日、ミックス、終わる〉日記には、そうとしか感想をつけていない。冬のロンドンから4ヵ月、アルバム『POP LIFE』が完成した。

ある決断

アンコールの演奏を終えると、メンバー４人、そろってフロントの際に並んだ。手をつなぎ、歓声で沸き返る場内が鎮まるのを待つ。

しぃーっ、と、TAKUYAがくちびるに指をあてる。

「JUDY AND MARY、POP LIFE TOUR '98！

みんな、どうも、ありがとうございました――!!」

７月23日、名古屋レインボーホール。

熱気で膨らんでいるアリーナの空気のなかで、マイクを通さないYUKIの声が、鳴った。

「YUKI、ありがとう！」

アリーナの前のほうで男性ファンがそう叫ぶのを聞いて、YUKIは思わず泣きそうになった。自分は、今、ここで生きていると、わけもなく思った。

（あたし、すげえ、生きてるっ。こんなにみんなと一緒に息をして、だから、ますます生きすぎてる感じになっちゃうんだ。楽しい!!）

名古屋、新潟、仙台、広島、福岡、鹿児島、大阪、札幌、横浜、石川、そして東京。全国11ヵ所、24本。いずれもアリーナ・クラスの会場で２DAYS、３DAYS とライブを行う。YUKIはこれまでになく体調管理に気を配った。喉の手術から、半年。『POP LIFE』のレコーディングでの辛苦を越えて、今、YUKIは心からライブを楽しんでいた。

「YUKI、あんな所まで動かなくっていいんだよ。YUKIはこのツアーのコンセプトを全然わかっていない」

横浜アリーナの１日目を終えて楽屋に引き上げてくるなり、TAKUYAは厳しい口調でYUKIにそう言った。

初めての横浜アリーナ、YUKIはいつか観たサザンオールスターズの桑田佳祐のように、横アリのステージを端から端まで動いてみたいと演ってみたのだったが、そういうパフォーマンスはこのツアーのコンセプトと違うのだとTAKUYAは言った。

「このツアーは、演奏をきっちりやって、4人で聴かせる。じっくり観せる。それをトータルでイメージして、俺はセットも映像も考えたんだ。みんな去年のスタジアム・ツアーを引きずりすぎてる」

あぁ、そうか、そうだったのだとYUKIは力なく頷いた。

名古屋でやっていた最後の肉声での挨拶も、このツアーのテーマにはそぐわないと、途中で止めにしていた。確かにTAKUYAの言う通りなのだ。ツアーのコンセプトからプランまでを彼がバンドに提案してきたとき、YUKIはそれに同意し、納得していた。

けれども、彼の言うように、去年のスタジアム・ツアーをどこかで引きずっていたことをYUKIは否定できない。YUKIはあのツアーでの自分の歌が大好きだった。そして、再び歌えるようになった今、YUKIはライブにこのうえない解放感と喜びを感じていた。

しかし、コンセプトは動ではなく、静のイメージだ。

しかもこれまでのJUDY AND MARYのステージにはなかった、シュールでプログレッシブなビジュアルをTAKUYAは用意していた。

けれども、ステージに立ったYUKIの姿や歌は、明らかにそれと異なっていた。そこに立つメンバーの意識がそぐっていない。

TAKUYAが怒るのも当然だった。

『POP LIFE』のレコーディングから事実上バンドを牽引してきた彼のなかでは、このとき相当なフラストレーションが溜まっていた。横浜アリーナでの3日間で、YUKIも恩田も五十嵐もそれに気づいていた。

しかし、誰も、とりたててTAKUYAに働きかけようとはしなかった。

事を切り出す役目は、結局、TAKUYAに回ってくるということなのだろうか。９月19日、金沢。髪の毛を金髪に染めて石川産業展示館４号館の楽屋へ入ってきたTAKUYAを見て、YUKIたちは驚いた。

「今のツアー、俺は演ってて面白くない」

開場の時刻を過ぎたころ、TAKUYAはそう切り出した。

「実際みんな、今の俺らのライブはどうなの？」

それは、このバンドについてどう思っているのか？　という意味だ。

JUDY AND MARYの最初のころのかっこいい感じが今の俺らにはないと思う、YUKIも歌はうまくなっているけど、前のような切羽詰まった感があんまり感じられない、少なくとも横で演っててグッとくる感じがしない——言葉を選ばず、率直な気持ちをぶつける彼に、YUKIは黙っていられなかった。

「ちょっと待ってよ、そんなこと言われる筋合いはないよ」

「TAKUYA、それ、どういう意味だよ。俺は一生懸命やってるぜ」

『POP LIFE』のレコーディングからここまで好調にプレイしてきた五十嵐も、怒りを隠そうとしない。

「じゃあ、やってみてよ。客、奪《と》ったるでっていう、昔の俺らみたいな、むちゃむちゃかっこいいライブを今日これからやろうよ」

本番１時間前にそんな抜き差しならぬ話をしているのである。やり場のない憤りを抱えたままステージに立った４人は、この夜、石川産業展示館４号館をライブハウスに変えてしまった。

言ってしまえば、それは、TAKUYAが横浜アリーナでYUKIに呈したような、コンセプチュアルなライブからはほど遠い。けれども、一触即発の危うさを内包していた、かつてのJUDY AND MARYのライブを想起させるに十分なパフォーマンスだった。

「みんな、やればできるじゃん。俺はこのことを言ってたんだよ」

しかし、いいライブをやれたからといってすべてが解決するほど、バンドは幼くはなかった。JUDY AND MARYは十分に成熟し、それによって不要な事柄も内包していた。ついてしまった脂肪をなんとか削ぎ落とそうと、TAKUYAは努めていたのだろう。が、それは決して容易なことではないと、メンバーは皆、気づいていた。ライブ後、もう一度ミーティングをしようと、誰からともなく声が上がった。

金沢2DAYSを終えた夜、JUDY AND MARYはある決断をする。

「しばらく曲を作るのを止めよう」

これがメンバー共通の意見だった。今、それぞれが思っていること、そしてJUDY AND MARYのこれからについてを話し合った結果、たどり着いた答えだった。

それは、かつてこのバンドが口にしたことのある言葉でもあった。『THE POWER SOURCE』を作ったあとにも、一度こういう話は出ていたのだ。バンドを休んで、それぞれ休養をとるなり、好きなことをやるなり、自由な時間をとってバンドに戻ってこよう……。けれどもあのアルバムを作ったあとでは、メンバーの希望は叶わなかった。JUDY AND MARYは、もはや4人の意思だけで走ったり休んだりすることのできるバンドではなくなっていたからだ。

このミーティングを始めてしばらくの間、誰も手をつけようとしなかったビールを、それぞれ飲み始める。お互いに思っていることの全部を言えたかどうかはわからないが、YUKIは気持ちがラクになっていくのを感じていた。

悲しい気分ではなかった。

知らず知らずのうちにこんがらがっていたさまざまな思いが解けていく心地よさのほうに、気持ちを委ねようとしていたのかもしれない。

「じゃあ、東京ドームやろう！」

「いっとくか？」

「いいねー!!」

盛り上がるメンバーの背後で、マネージャーの堀江は会場のスケジュールを押さえようと、速攻で電話をかけ始める。
「年末のドームねえ。今からじゃあ、さすがに無理かもねぇ〜」
「ライブハウスとかもやっちゃう？」
「押さえられるかな？　今から」
「俺、来年どうしようかなあ。何やろうかな」
「あたしはじゃあ、このあいだ話した佐久間さんのヤツ、頑張ろう。英語詞も作ってみるよ」
「俺はホントにのんびり休んでみようかな」
「じゃあ、俺は……」
　話せば話すほど、みんなの口調が朗らかになっていく。
　不思議と寂しさは感じなかった。
　静かに夜がおちて、ひとりの部屋に戻るまでの間は。

　明後日でデビューして丸５年。今日ホテルのスイートで話し合い、
　活動を休止することに決まりました。
　年末のテレビもすべてストップ。紅白も出ないことになりました。
　ラジオ、『ワッツイン』『non・no』もろもろ、
　すべてをちゃんと終わらせなくちゃ。
　発信するところも、もうどこもなくなっちゃう。
　YUKIは佐久間さんのとこでしばらくやろう。英語詞、頑張んなきゃ。
　ここからは本当に、実力をちゃんとつけないといけない。
　これは４人で決めたことなんだ。信じよう、この決断を。
　JUDY AND MARYはちゃんと続くんだ。
　26才の今、JUDY AND MARYを全力でやりきろう。
　そして何年か後に復活するとき、本物でいられるように頑張ろう。
　ずっと新しくいるために。

日記には、９月20日の自分なりの決断が記してある。が、翌日、東京に戻るなり、YUKIはすぐに友人に電話をかけ、会っている。

話を聞いてほしかった。４人で決めたこととはいえ、本当にこれでいいのかどうか、誰かに話をすることでもう一度、確かめたかった。不安でたまらなかったのだ。

９月23日、JUDY AND MARYはON AIR麻布スタジオで「帰れない２人」をレコーディングする。

「ミックス、あと３〜４時間かかりそうです。どうしますか？　僕が残りますから、出かけちゃってかまわないですよ」

ディレクターの土蔵に任せて、４人は一緒に食事をすることにした。

「まだ時間がかかりそうだね。じゃあ、ウチでお茶でも飲んでる？」

恩田、TAKUYA、五十嵐、４人でこうしてYUKIの家に集まるのは初めてだ。デビューする前に、TAKUYAのアパートにみんなで遊びに行ったことはあるが、４人で誰かの家でだなんて、あれ以来だ。

（あのときは確か、TAKUYAが入ったばっかりのころで、みんなでデヴィッド・ボウイのビデオとか観たんだよなぁ）

４人分のコーヒーを煎れながら、YUKIはそんなことを思い出す。

「おぉー、懐かしい！　このライブ」

何年か前のJUDY AND MARYのライブ・ビデオをみんなで観ている。

金沢の夜に話をしてからというもの、メンバー４人、なんだかすっかり仲が良い。バンドが進んでいく間、気がつけばギスギスしていたあの感じが、今はもう跡形もなく消えている。金属疲労を起こしていた部品を、きれいさっぱり取り除いた、今の自分たちはそんなふうなのかもしれないとYUKIは思った。

けれども、迷いはつきまとっていた。YUKIは悩みに悩んでいた。

24日、全スタッフがそろい、これからのことをもう一度、話し合う。暮れの『紅白歌合戦』まで、テレビも出る。東京ドームとライブハウスをやる。『果てしないたわごと』やラジオ番組も続行する。
そして、休止宣言はしないことにする。
しかし、10月1日日本武道館。楽屋へ入ると、TAKUYAと五十嵐が冷笑を浮かべて、マネージャーの堀江が持ってきた新聞を見ている。
「なんだかなぁ。これ」
「誰だよ、こんなネタ出したの」
見れば、JUDY AND MARY活動休止の記事が載っているではないか。
「……ちょっと待ってよ。何よ、これ、笑えないよ。あたし、武道館では2日目の最後のMCで〝東京ドームをやります〟ってことだけ言おうと決めてたんだ。なのに、こんなの勝手に出ちゃって……あたし、どうすればいいの？」
「いや、いいんじゃない？　それで」
「東京ドームやります、それでいいよ。今日、明日の武道館のライブで、べつにこのことに触れなくていいと思うよ」
武道館での2日間、すべて演りきってやろうと4人は決めていた。
（楽しんでやる！）
しかしその気持ちも、この日ばかりは、オーディエンスのほうが上回っていた。新聞やインターネットで活動休止を知らされたファンは、JUDY AND MARYの一挙一動を見逃してなるものかと、開演前から異様な熱気でYUKIたちを待ちかまえていたのである。
（すごい！　すごいよ！　すごすぎるよ、みんな!!）
ステージに出るなり、ファンの気持ちが痛いほど伝わった。YUKIは思いのありったけを込めて、歌った。今日は絶対、この歌でライブを始めたい——「小さな頃から」で始まったこの武道館ライブは、JUDY AND MARYのベスト・ライブ、あの〝りんくうフェスティバル〟と同じくらい、大切なベスト・ライブだと、YUKIは今でもそう思っている。

1998年の終わりに

12月26日、東京ドーム。
最初からかたい。どんどんボロボロになっていく。
お客さんが見えない。ひとりぼっち感がどんどん増幅していく。
「帰れない２人」で目をつぶったとたん、涙がこぼれた。
「みんなもっと近くに来て」って、そんなアンタみんな困るって。
みんなドームを楽しみにして来てくれていたのになあ。
もっとスルッと、ハッピーなライブにしたかったのにな。
ステージであんなマジ泣き、初めてだ。もう帰ろうと思った。
もうダメだ、そう思って振り向いたら、公太さんに怒鳴られた。
イヤー・モニター、ガッとはずして「何言ってんだ、このやろう！」
「ちゃんと歌え！」それで立ち直れた。「ラブリーベイベー」
「ミュージック ファイター」歌える。けど、逆ギレだ。
イヤモニの調子が悪く、声も聴こえなかった。歌が聴こえなくて
アタマきて、イヤモニ取ったら、がなってた。
でも「LOVER SOUL」はすごくよく歌えた。みんな良かったと言ってくれた。伝わるライブだったと言ってくれた。
でも、私は全然眠くない。
ミカがダスティン・ホフマンの古い映画を持って来てくれた。
『ジョンとメリー』。ごはんを一緒に食べながら観た。いい映画だ。
東京ドーム、私、ダメだったなぁって言ったら、
もう済んだんだし、いいじゃんって言ってくれた。
すごい淡々とそう言ってくれた。救われた。
明後日のガーデンホール、頑張ろう。
絶対楽しく普通にやるんだ。

初めての東京ドーム、本番とまったく同じ手順で行う最終リハーサルを踏まずに挑んだステージはアクシデントの続出だった。歌が聴こえない、音をとりにくい。予想に反して衣装がフィットせず、動きがとれなかった。何より、客席の歓声が聞こえない、反応がつかめない。

ファンの姿がまったく見えないことがYUKIを孤独にさせた。

一転して翌々日の恵比寿ザ・ガーデンホールでは、途中でライブを一時中断せざるを得ないほど、メンバーもオーディエンスもJUDY AND MARYの音楽に熱狂。声も、愛も、惜しみなくすべて放出した。

12月28日、JUDY AND MARYはこれで1998年すべてのライブを完了する。楽屋へ引き上げるエレベーターのなかで、TAKUYAと恩田、五十嵐が抱き合っていた。男3人の感動的な場面を隣で見ているうちに、JUDY AND MARYはこれで本当にしばらくお休みなんだなとYUKIは思った。が、感慨にふけっている暇はない。

はやりまくっていたインフルエンザにかかってしまったのか、それとも朝まで続いた打ち上げで騒ぎすぎたからか、30日、風邪をひく。

高熱が出て、『紅白歌合戦』のリハーサルでは、歌えなかった。

本番当日、なんとか復活。「散歩道」をしっかり歌い上げる。

「明けましておめでとう！」

『紅白』の衣装のまま車に乗り込み、車中で着替えを済ませ、年越しも移動の車のなかで。気がつけば風邪も完治。メイクは『紅白』に出たときのまま、派手な頭をして渋谷ON AIR EASTへ。

晴れ着姿の友達と新年の挨拶を交わし、ROBOTSのライブを観て、友達みんなで居酒屋へ繰り出す。

「テレビ、出てたでしょ、観たよー」などと知らないオジサンに声をかけられまくり。それから三宿のクラブで朝まで遊んで、松屋で朝定を食べて、みんなで帰る——これがYUKIの1999年1月1日の始まり。

YUKIの1999年を予感させるに十分な、賑々《にぎにぎ》しいスタートだった。

27

「YUKI、お誕生日おめでとう！」

1999年２月17日、YUKI 27回目のバースデーには、いつもの顔ぶれがいつものイタリアン・レストランの小さなテーブルにそろっている。

「YUKI、あのプロジェクトの仕事ってもう始まってるんでしょう？」

少し気にかかっていたのだろうか、いつもならYUKIの仕事にさほど関心を示さない友人たちが、珍しくそう訊いてくる。

「そうだねえ。始まってはいるんだけど……でも、これからだね」

これからが大変。そう思うと、YUKIの口調もペース・ダウンする。

「しっかし、ホント大変だね、ひとりで動くって。よくわかったよ、今までいかにTAKUYAや恩ちゃんや公太さんに助けられてたか」

「ま、それはそうだろうけどさぁ」

「いい歌うたうぜって、あたしはそれだけ考えてれば良かったもんね」

「いいじゃない、それで。YUKIはそれでいいじゃん」

「うん、ま、頑張るよ。それにあたし、ギャルバンもやりたいし、sleepのこともやりたいしさ。いろいろあるんだよね、思ってることは。そうだ、ねぇ、これからあたしのことは〈ニナ〉って呼んでよ」

「え？　なに？　にな？」

「そう。27才だから、〈ニナ〉！　なんちゃって——っ」

〈ニナ〉が、そのままプロジェクト名になったのは、YUKIの誕生日が過ぎて数日後のことだった。

昨年の秋、YUKIはサウンド・プロデューサーの佐久間正英からThe B-52'sのケイトと一緒に歌ってみないかと誘われた。

「面白そう！　一緒に演ってみたい!!」

そのプロジェクトで歌をうたうときは、YUKIではなく、NiNaの名前で出ようと考えていたのだが、「Happy Tommorow」が完成するまでの間に、いつのまにかそれがプロジェクト名になっていた。

NiNa——メンバーはケイト、YUKI、佐久間正英、島武実、そしてミック・カーン、スティーヴン・ウルフも参加することが決まった。

2月の上旬にテープをもらい、詞のテーマを考えていった。上がってきたバック・トラックに合わせてどんどん歌う。メロディを考える作業は、自分のなかの新たな可能性との遭遇であり、もっと向上させていきたいと、YUKIの1999年の目標のひとつとなった。

ケイトとどうコミュニケーションをとるかでは、最初はさすがに頭を悩ませた。Eメールも始めていなかったし、国際電話で話をするほど、英語にはまだ自信が持てなかったからだ。

（こんなんでバンドとかできるのかなぁ……）

5月、全メンバーそろって河口湖で行った合宿では、レコーディングは順調に進み、バック・トラックはほとんどここで録り終えたが、YUKIは思うようにメンバーとコミュニケーションがとれなかった。

（言葉なんて音楽をやるうえでは関係ないって言う人もいるけど、それは違う。やっぱり言葉が通じないと無理だ）

正直言って、打ちのめされた気分だった。ミュージシャンだけでなく、レコード会社のスタッフもほとんどが初めての顔ぶればかり、英語でも日本語でも、とにかく言葉を交わして伝え合うということの連続だ。YUKIはJUDY AND MARYがデビューしたころを思い出す。

（歌で納得させたほうがいい。とにかく歌を頑張ろう）

YUKIはケイトのことを知っていたが、ケイトにしてみれば、言語の違う、しかも自分よりずいぶん年下の、初めて知るボーカリストだ。最初にレコーディングに入ったとき、YUKIは強烈に緊張していた。

しかしケイトはごく普通に、YUKIに接した。対等に扱ってくれた。

何より、佐久間正英と一緒に作った「Happy Tommorow」をケイトが歌っている、その姿、その歌を聴いてYUKIは感動した。
（本物だぁ！　あたしが仮歌でうたってたのと、雰囲気が違う!!）
かえがたい喜びを、YUKIはそこですでに手にしていた。
となれば、さらにいい歌を自分もうたおう！　その思いを胸に、6月、YUKIはケイトの暮らすウッドストックへと出かける。
ウッドストックでは残りのバック・トラックを録り終えると、佐久間もレコード会社のスタッフも日本へ帰ってしまい、ボーカル・ダビングはケイトとYUKI、エンジニアのトムとアシスタントのブランドンの4人だけで行われた。スタッフは通訳のアミと、マネージャーの柚上だけだ。
いつもバンドで動いているYUKIにすると、こぢんまりしたレコーディング所帯ということになるが、それが逆に彼女をリラックスさせた。
美しい草花だけでなく、野菜まで自家栽培しているケイトの家の庭は、YUKIのお気に入りの場所だった。朝はジョギング、休日にはトレッキングと、ケイトはヘルシーな生活を送っている人だった。
（だからケイトは、今もこんなに体力があるんだ！）
YUKIはボーカリストとして多くのことをケイトから学んだ。
毎朝、ごはんを食べて、音楽を聴きながら机に向かい、その日やることをノートに書き出す。歌詞の手直しなどをして、アパートを出る。
果物屋と花屋が一緒になったジュース・バーに立ち寄り、そこで好きな果物や野菜を選び、ジュースを飲んで、スタジオへ。
ときにはスイート・スーという名前のカフェへ、トムと一緒に朝食のパン・ケーキを食べに出かけたりもした。日本語のまるでわからないトムと、英語を猛勉強中のYUKIだったが、十分通じ合えるものがあった。ケイトやトムと一緒にいると、言葉はもちろんだが、何より言葉にするまでの気持ちをYUKIはとても大事にするようになった。

日本語で会話を交わすように饒舌にはいかないぶんだけ、気持ちや意志というものを明確に持っていないと相手とはコミュニケーションできない。所詮、言葉では伝わりきらないのだからと諦めてしまったら、本当にそれでおしまいなのだということをYUKIは痛感していた。
「YUKI、もう少し、時間がかかるよ。待たせてしまって悪いね」
ケイトと長く仕事をしているだけに、トムはケイトの歌入れのペースも、彼女の扱いも熟知していた。ケイトはYUKIの何倍も時間をかけて歌を録る。こだわりもすごいが、YUKIが何より驚いたのは、細部まで逃さずチェックするケイトのその耳だ。
「YUKI、今のところ、少しフラットしているわ」
「……え？　そうかな」
それは自分ではまったく気づいたことのない、むしろYUKIとしてはこれまで気に入っていた音程のとり方だった。
「いえ、YUKIはそこへいくとき、必ずフラットしている」
よく聴いてみた。何度もトムにフィードバックしてもらう。
（本当だ。……ホントだ、すごい、こんな細かなところなのに）
そんなふうにしてケイトの歌入れに立ち会っていると、どういう理由で、なぜここまでじっくり丁寧に録っていくのかがわかってくる。
YUKI自身、自分の歌に対して厳しくなる。知らず知らずのうちについていた自分の歌の癖についても、正面から向き合うことができた。
ウッドストックでの最終日には、ケイトの友達がバーベキューの用意をしてガーデン・パーティに招いてくれた。日本チームはごはんを炊いておにぎりを作り、茹でたてのそばもケイトたちに大人気だった。
「ウッドストックへ、いつでもまた帰ってきなさい」
ケイトの友人であるジョンが、そう言って小さなYUKIを抱擁する。
YUKIは笑顔で応えると、大切なふたりに感謝の気持ちを伝えた。
「ありがとう、ケイト！　ありがとう、トム！」

再生

YUKIは、逆境に強い。そんな印象を持っているスタッフは多い。

確かにそれは彼女も否めない。好むと好まざるにかかわらず、なぜかそういう局面に気がつくと立たされている。

しかもそこで、持っている力を倍にして発揮したりする。

飽きっぽいが集中力は並はずれてすごい。持続力には自信はないが、根気と呼べる種類の力なら、かつてバレー部で鍛えられた。ついでに言えば、悔しさをバネにする性質も中学時代に形成されたものだ。

（でも、さすがにこんなんばっかりで疲れるよー。もうちょっとこう緩やかにいきたいもんだなあ）

ひとりで動くということ、それをやりきることがこんなにもハードだったとは……。毎日が判断の連続、踏ん張りどころだらけである。

「ユズ、本当にこれで大丈夫かな。なんとか進んでるのかな？　ホントにこれでイケてるんかな～？」

仕事場から自宅へ帰る車のなか、YUKIは毎日のようにマネージャーの柚上に尋ねた。

「大丈夫ですよ、YUKIちゃん。進んでますよ」

「そっかなあ。……はあー……」

確信を持ってやっていることなのに、不安はいつもついてまわる。

自分の好き勝手で始めたことなのだ、絶対にそこから逃げられない。

JUDY AND MARY にも責任は持っているが、ひとりでやるとなるとその種類は当然変わってくる。歌えない、もうロンドンから帰りたい、JUDY AND MARYではそれでもなんとか物語は進んできたが、NiNaやchara＋yukiではそうはいかない。

尊敬しているチャラと一緒に仕事ができることは、YUKIにとって喜びだったけれど、それだけに実はとても緊張していた。

チャラが持っていたデモ・テープをもとにふたりで「愛の火★３つ★オレンジ」のメロディを詰めていくとき、ケイトとの場合がそうであったように、チャラもまたYUKIが提案したアイデアを面白がってくれた。同じ速さで閃《ひらめ》きを拾い合い、同じ深さで解釈し合える関係を、いつでも用意してくれているチャラの姿勢が、作曲らしい作曲の経験のなかったYUKIにはうれしかった。

「YUKIも無理しない範囲でいいからねえ」

まあまあ、そう慌てずに、楽しくやろうよ、そんなムードがチャラの周囲にはいつもある。予定した時間のなかで、きっちり気持ちよく仕事が進む。それでいて作業の一つひとつはとても丁寧だ。

（チャラさんの仕事の仕方って、当たり前だけど、あたしと違う。ケイトもそうだ。いろんな仕事の仕方があるんだなあ）

年齢やキャリアは違えども、同じ仕事に就いている者であれば、ひとつの仕事を通して、その人の生き方まで見ることができる。

ボーカリストとして、ひとりの女性として、ケイトやチャラからYUKIはいろんなことを学ばせてもらった。

何より、彼女たちのいちファンとして、音楽することを楽しんだ。

NiNaやchara＋yukiでYUKIが歌を作ったり歌ったりすることが、JUDY AND MARYにどんな影響を及ぼすのかあなたは考えていない、と苦言を呈する人もいた。つまりは、本体が休んでいるのにどうしてひとりで歌っているんだ？　ということだろう。

YUKIはただ歌っていたかった、それだけなのである。

（JUDY AND MARYの活動が休みに入っても、ずっと歌っていよう）

1999年の年頭に〈今年やりたいこと〉を挙げていったときから、そう決めていた。そして、それは、間違いではなかった。

「曲が出来たんだけど、そろそろジュディマリ、やらない？」

夏の終わり、JUDY AND MARY再始動のきっかけを運んできたのはTAKUYAだった。もしもTAKUYAのような人間がいなければ、JUDY AND MARYはまだもう少し、休んでいたかもしれないとさえYUKIは思う。考えてみればこのバンドには、能動的に物事を動かそうとする人間は、彼しかいない気がするからだ。

昨年の９月、麻布のスタジオで「帰れない２人」を録って、あれから１年。再び４人集まり、JUDY AND MARYの新しい歌である「Brand New Wave Upper Ground」を歌ったとき、YUKIは自分でも会心の歌を録れたと思った。

喉が再生していく間に、ケイトに出会い、音程のとり方や自分の癖を徹底的に見直した。

モデル・チェンジした自分の歌が、YUKIは大好きだった。

そして、JUDY AND MARY というバンドと、自分との関係も。

JUDY AND MARYは、メンバー一人ひとりのもので、たとえば人としてのタイプが４人それぞれ違うように、バンドへの思いの寄せ方も、４人それぞれに異なっている。

それがいいと、今、YUKIは思っている。

（JUDY AND MARYは今のあたしを作ったバンドだ）

1992年からずっと自分の内で生き続けているこのバンドが、YUKIをつき動かし、あるときには激しく揺さぶり、どこへでも行けるような柔軟な心と力とを与えてくれた。

生き物のようなこのバンドに内包されるでもなく、それに抗《あらが》うでもなく、JUDY AND MARYは、今、普通にYUKIのなかに在る。

しあわせの住み処

江古田、三軒茶屋、深沢、池尻大橋、南青山、そして、ここ。

リビングの窓の向こう一面に、緑が広がっている。1999年の夏の終わり、YUKIは住み心地の良さそうな今のこの部屋を見つけた。

NiNaやchara＋yukiで、荷物の整理をする暇などスケジュールのどこをどう見ても見あたらなかったが、今年の春先からずっと、引っ越ししたい病を患っていた彼女としてはもう限界だった。

（荷造りなら、きっとなんとかなるさ。今までもそうだったもん）

強行軍で住み処《か》を移すことには慣れている。

パワステ初日に部屋の水道管が壊れて、いきなりのホテル暮らし。

桜の樹が見えるあの大好きな部屋からは、喉の手術が決まっているというのに短期間で物件を探し、入院している間に引っ越してしまったほどである。

（……でも、あれが良くなかったかな。失敗だったな、あの引っ越し）

そうなのだ。不思議なもので越してからというもの、YUKIはあまり部屋でゆっくりすることがなくなった。喉の手術を終え、退院してすぐに海外へ出かけていたとはいえ、日本に帰ってからもどうも部屋が馴染《なじ》まない。

心地のいい部屋にしようという気持ちにならないのである。

引っ越してきたときのまま、放ってあるものもある。整理したいものがたくさんあるというのに、気が進まない。部屋が片づかない。落ち着かない。何より、その部屋は、ひとりでいられない部屋だった。

新しいこの部屋に越してからというもの、YUKIの生活は180度変わった。自炊して、掃除して、自分で自分の生活に密着しようとした。

ひとりでいることを受け入れようとYUKIは思った。

だからなおさら、居心地のいい部屋にしたかった。

実際、新しい部屋はすぐにYUKIに馴《な》染《じ》んだ。

ひとりで映画を観たり、音楽を聴いたり、お風呂上がりにビールを飲んだりといった、そんなありふれたことが当たり前に楽しい。

ごく普通の生活を普通に送ることのできる部屋。

こんなささやかな願いが、前のあの広い部屋では叶わなかったのはなぜだろう？　と不思議に思ってしまうぐらいだ。

「YUKI、大晦日どうすんの？」

「あのさ、あたし、今年は家にいようかなぁって思ってるんだ」

「え、ライブとか観に行かないの!?　1000年代最後の年越しだよ？」

「うん。でも、だから、ひとりで家で年を越そうかなぁと思ってさ」

あれこれプランはあったけれど、YUKIはそうしようと決めていた。

じゃあ、31日ぎりぎりまで一緒に過ごそうよ、ということになり、友達カップル２組がYUKIの家へ遊びに来ることになった。

大掃除を済ませ、年越しそばとおせち料理と、お雑煮の支度もしておこう。時間なら今日はたっぷりある、茶碗蒸しも作っちゃおう。

今年はスケジュール帳の整理も、2000年がやってくる前に済ませておこう……。

昨年の大晦日はオールで遊んで松屋で朝定を食べて1999年を迎えた。正月は家でのんびり過ごしたが、お休みがあったのは１月だけだ。

NiNaが始まってからは、この部屋に引っ越しするまで、まるでお休みがない。自分でもびっくり。

夏の終わり、JUDY AND MARYを始めようという話が出ている。

そのころにはチャラと一緒にchara＋yukiもやっている。

（ミーン・マシーンもうちょっとやりたかったなあ。ドラムの練習も）

ギャルバンは楽しい。高校生のころのような、あの理屈抜きの楽しさはこういうバンドでしか味わえない。

打ち合わせと称して、いつも飲んで食べて大笑いで終わってばかりのsleepも、今年は動いた。

（ひとつ仕事をしたね。sleep Tシャツ作った。イベントもあったな）

ニューヨークにウッドストック。９月のハワイではケイトに再会した。ホノルルで観たケイトたちのワールド・ツアーでYUKIは最前列で踊りまくり、NiNaの最後のレコーディングが終了したときには、これでアルバムが完成したんだという充足感とそれまでの過程がいっぺんに思い出され、佐久間正英と握手を交わしながら、泣きに泣いた。

12月のロサンゼルスでは、JUDY AND MARYで久々に４人そろってビデオのシューティングをした。

（あたしだけ時差ボケがつらくて、ダメだったなあ。楽しめなかった）

撮影が終わると食事にも行かずに、YUKIは眠って眠ってずっと眠って過ごした。そういえば、シューティングでは頭をガンガン振りすぎて、気分が悪くなった。調子にのってやりすぎるのは、彼女の悪い癖だが、そういうところはいくつになっても変わりそうにはない。

1999年、YUKIは多くの人に出会った。

初めて一緒に仕事をする人が多かったからか、なぜか、デビューしたころの感触を思い出す場面がよくあった。

始まりがあれば、いつか終わりは訪れる。それを望む、望まないにかかわらず、出会いがあれば、別れは必ずやってくる。

その一方には、ずっとつながったまま、形を変えながらYUKIのなかで続いているものも在る。ただ普通に、自分のそこに在る大切なものを、ほんのいくつかだが、今、確かに、彼女は持っている。

1999年の手帳の最後のほうに、YUKIはふと目を止めた。

ピアスの穴がふさがりそうだ。
激動の97年、98年、99年。
果たして2000年のYUKIは何を動かすのだろう。
来年は28才になるんだなぁ。すごいなあ。

別れるのはつらいけれど、
しあわせを恐れない気持ちが強くなっていくのが好きだ。

何かの原稿を書くために、自分自身の90年代を振り返ったのだろう。そうか、そうだね、と、YUKIは自分の残した言葉に、ひとり頷く。

しあわせのこの住み処《か》を選んだことを、YUKIは後悔していない。

ピンポーン、ピンポーン。

ドア・ベルが鳴った。モニターを見ると、ワインを抱えた友人たちが、わざとふざけた顔を見せている。

「今、開けるよ」

YUKIは用意した料理を振る舞い、誰かがテレビのスイッチを入れる。

「紅白観よう、紅白！」

さっきまでしんとしていた部屋の空気を、友人たちの賑やかな声がかき混ぜていく。年末恒例の特別番組を流しながら、〈年忘れ、ワインでしゃべり倒し大会〉といってもおかしくないほど、YUKIも仲間も賑やかだ。ブラウン管に向かって、みんなで好き勝手なことをしゃべる。

今年、世の中を騒がせた出来事から、自分たちに起こった小さな事件、果ては恋人同士のつい昨日のささいな喧嘩についてまで、ありとあらゆる話題を肴に、1999年最後の夜をYUKIは友人たちと一緒に過ごした。

「よし、じゃあ、帰るね。YUKI、来年もよろしく」

「うん。今年もありがとう。来年もどうぞよろしく」

　そう言ったとたん、YUKIはなぜだか泣けてきて、見れば友達ふたりも泣いている。

「なーんで泣いてんだろ、へへ、おかしいね」

　笑いながら抱き合って、けれども涙だけが止まらない。

　これが1999年、最後の涙。もう泣かないのだ。

「そいじゃあね。良いお年を」

「良いお年を」

　鼻の頭を真っ赤にした友達とその彼氏たちを見送ると、誰もいなくなったリビングのソファにYUKIは身を沈めた。

　つけたままにしているテレビには、サザンオールスターズのカウントダウン・ライブの模様が映し出されている。

〈カウント・ダウン！　10、9、……〉

（あ、やばい、始まっちゃうよ）

　慌ててテレビのスイッチを切ると、立ち上がって窓を開け放つ。

　と、そのときだった。

（あ！　花火だ!!）

　遠く神宮の空のほうに、冬の花火が咲いている。

　夏に見る目が爆《は》ぜるような原色の眩しさと違い、冷えた冬の空のなかに束の間、輪郭を浮かべると、閃光の跡だけ残しながら消えていく。

　1999年から、2000年へ。

「明けましておめでとうございまーす！」

　静まり返った新年の街に、YUKIの声が響く。

　夜の風が、上気したYUKIの頬をそっと撫でていく。

（今年もよろしく!!）

　花火がまたひとつ、打ち上げられていく。

GIRLY★FOLK

2000年6月30日　初版第1刷発行

著者　鉄石《てついし》美《み》保《ほ》子《こ》

発行人　長谷弘一
発行所　株式会社ソニー・マガジンズ
〒102-8679　東京都千代田区五番町6-2
電話　03(3234)5811
印刷所　凸版印刷株式会社

ISBN4-7897-1566-3 Printed in Japan
価格はカバーに表示してあります。
乱丁・落丁本は、ご面倒ですが小社宛お送りください。
送料小社負担にてお取り替えいたします。
JASRAC 出0006869-001